Es weihnachtet sehr!

Minutengeschichten, Lieder und Gedichte

Erzählt von Sandra Grimm
Mit Bildern von Anna Karina Birkenstock

arsEdition

Inhaltsverzeichnis

Felidor, der Wunschzettelfinder

Der dicke kleine Engel Felidor gab sich alle Mühe. Das Christkind hatte ihn los-
geschickt, um Wunschzettel einzusammeln. Was Felidor gern mochte, waren
Briefe, die auf Fensterbänken lagen oder aus dem Briefkasten vorm Haus heraus-
ragten. Schwieriger waren Briefe, die mit Bändern an Zweige gebunden waren.
Sie sahen aus wie ein hübsches Geschenk, aber Felidor musste ihre Bänder mit
den Zähnen durchknabbern, weil er stets seine Schere vergaß. Auch Briefe, die
in Schneehöhlen versteckt waren, liebte Felidor nicht, weil er so schnell kalte
Finger bekam. Denn er hatte auch seine Handschuhe nie dabei.

Dieses Jahr bekam Felidor eine besonders schwere Aufgabe: Er hatte einen
Wunschzettel in einem Garten klingeln hören. Was, ihr wusstet nicht, dass
Wunschzettel klingeln? Aber natürlich – es hört sich an wie ein feines silber-
nes Glöckchen. Wie sollten die Engel die Briefe sonst finden? Felidor suchte
also in dem Garten – und schließlich entdeckte er den Brief: Er lag in einer
Baumhöhle! Rasch versuchte der Engel, ihn herauszuangeln. Doch sein Arm
war zu kurz. Dann musste er eben hineinkrabbeln – aber dazu war er zu dick!
Felidor überlegte. Dann fiel ihm etwas ein: Er füllte seine roten Pausbäckchen mit
Luft und pustete – pfffffffffff – in den Baum. Der Brief drehte sich, begann herum-
zuwirbeln und schoss dann aus dem Loch heraus: genau in Felidors Arme. Sehr
zufrieden nickte der kleine Engel, steckte den Brief in sein Kleidchen und flog
weiter. Denn ganz in der Nähe klingelte irgendetwas ...

Finns kleine Nachtwanderung

Es war schon dunkel, als Finn nach Hause lief. Den ganzen Nachmittag war er mit seinem Schlitten den großen Schneehügel hinuntergerutscht. Jetzt mussten alle heim. Finn winkte den anderen, als er über den Feldweg Richtung Wald lief. Er wohnte als Einziger in der Nähe des Waldes, die anderen liefen in den Ort hinein. Bald wurden die Stimmen der Kinder leiser, und Finn merkte, wie still es hier draußen war. Der Schnee schimmerte im Dunkeln, seine Schritte knirschten auf den gefrorenen Grashalmen. Da schob sich eine Wolke vor den dünnen Mond – und plötzlich war es dunkel. Fürchterlich dunkel. Finn konnte den Weg vor seinen Füßen fast nicht mehr sehen. Ganz langsam ging er vorwärts. Das war jetzt aber gruselig! Da raschelte etwas neben ihm. Finn starrte in die Dunkelheit. War das ein Fuchs? Ein Wolf? Ein Bär? Da kam der Mond wieder hervor. Es wurde etwas heller. Nun konnte Finn sehen, was er da gehört hatte: eine Amsel! Finn musste lachen. Eine winzige, harmlose Amsel! Er zwinkerte ihr zu und lief weiter. Es war immer noch dunkel, aber nun hatte Finn wieder Mut. Es war ja nicht mehr weit. Dort hinten leuchteten schon die Fenster. Und da – plötzlich erstrahlten hundert Lichter im Garten: Das war der Tannenbaum, den sie heute Morgen geschmückt hatten! Obendrauf glänzte ein Stern. Nun rannte Finn das letzte Stück. Gleich gab es Abendbrot mit warmem Kakao. Er freute sich schon. Und er musste unbedingt erzählen, wie mutig er allein nach Hause gegangen war!

Im Kindergarten ist es himmlisch!

Im Kindergarten war es himmlisch: Es gab das schönste Weihnachtsfest der Welt! An der Eingangstür musste Anna eine kleine Leiter hochklettern, und dann – hui! – sauste sie mitten hinein in einen dicken, weißen Wolkenberg! Es war natürlich ein Berg aus Kissen und Decken, aber Anna fühlte sich wie im Himmel! Gut, dass sie ihr Engelskostüm angezogen hatte! Anna lief gleich zu ihrem Gruppenraum: Hier war heute die Engelbäckerei. Jeder durfte Plätzchen ausstechen und backen und natürlich später auch essen! Aber Anna rannte erst weiter in den Gruppenraum nebenan: Dort wurde gebastelt – und sie hatte ihre beste Freundin Lara schon entdeckt! Gemeinsam falteten sie einen goldenen Stern, während alle Kinder laut „Kling, Glöckchen, klinge-lingeling!" sangen. „Ach, ich wäre zu gern ein echter Engel", seufzte Anna. „Einmal durch den Himmel fliegen ..." Da sprang Lara auf. „Komm, ich zeig dir was!" Sie zog Anna an der Hand mit sich zur Turnhalle. Auf dem Flur davor stand Erzieherin Jana. Sie öffnete die Tür nur einen Spalt breit und schob Anna und Lara schnell hinein. Anna riss die Augen auf: Hier war der Himmel! Überall wirbelten Flocken umher! Sie schaute genau: In der Ecke standen große Ventilatoren, die den Schnee durch die Luft bliesen. Anna lachte und drehte sich wild herum. „Komm, Anna, wir tanzen den Schneetanz", rief Lara. Und schon wirbelten sie Hand in Hand durch den Schnee-sturm – wie richtige Engel eben.

Volkslied

A, a, a, der Winter, der ist da

Nun ist die Weihnachtszeit gekommen. Jetzt lesen und basteln wir, backen Plätzchen und schmücken das Haus. Schon bald warten wir sehnsüchtig auf den Heiligen Abend und schauen ab und zu nach oben, ob wir zwischen den Wolken nicht doch schon den Weihnachtsmann oder ein Rentier erspähen können. Und da ist es uns auch egal, ob Schnee liegt oder nicht – aber vielleicht kannst du ja mit einem schönen Winterlied den Schnee herbeisingen?

A, a, a, der Win - ter, der ist da!

Herbst und Som - mer sind ver - gan - gen, Win - ter, der hat an - ge - fan - gen.

A, a, a, der Win - ter, der ist da!

Das Wichtel-Schlittenrennen

Die Wichtel brauchten eine Pause. So viele Tage hintereinander hatten sie schon Spielzeug gebastelt, geschraubt und angemalt. Nun wollten sie einen Nachmittag lang spielen. Der Weihnachtsmann genehmigte es lachend und rief: „Ich bin der Schiedsrichter!" Denn er ahnte schon, was die Wichtel planten: das jährliche Schlittenrennen! Nach dem Mittagessen rannten die Wichtel rasch zu den Rentieren und spannten sie vor ihre kleinen Schlitten. Dann steckten sie die Startfahne vor die Wichtelwerkstatt und die Zielfahne vor das Weihnachtsmannhaus. Bald standen die Rennwichtel mit ihren Helmen bereit. Der Weihnachtsmann schwenkte die Startfahne und rief: „Auf die Schlitten, fertig, los!" Wie der Blitz rasten die Rentiere davon. Natürlich sind sie viel schneller als normale Rentiere – und fliegen können sie ja auch! Also jagten sie durch den Wald hinauf in die Wolken bis ins Weltall, einmal um den hellsten Stern herum und wieder zurück. Der Hauswichtel des Weihnachtsmanns flog ganz vorn. Noch das letzte Stück zum Weihnachtsmannhaus und – gewonnen! Unter dem Jubel der Zuschauerwichtel sauste er durchs Ziel und – schwupp – in den großen Schneehaufen dahinter. Lachend zog er seinen Schlitten wieder hervor. Auch das Rentier schüttelte den Schnee ab. Als alle Rennwichtel im Ziel waren, gab es ein lustiges Fest mit einem großen Kessel heißem Kakao und vielen leckeren Krapfen. Den dicksten Krapfen bekam natürlich der Siegerwichtel!

Der Winter ist da!

Aus dem Haus, es schneit, es schneit!
Winterzeit, es ist so weit.
Raus jetzt in den Schnee, juchhe,
warm verpackt von Kopf bis Zeh.

Flocken mit den Zungen schnappen,
Schnee in die Kapuzen pappen,
einen großen Schneemann bauen,
anderswo die Möhre klauen.

Für die Schneeballschlacht vereinen:
Papa gegen alle Kleinen.
Irgendwann liegt er im Schnee,
wir haben gesiegt, hehe!

Bälle gegen Mauern patschen,
in den Schnee 'nen Engel klatschen.
Mit dem Schlitten abwärts zischen,
unten dann ein Loch erwischen –
fallen, Purzelbäume machen
und zusammen ganz laut lachen.
Tanzen durch die Winterwelt,
weil der Schnee uns so gefällt!

Lasst uns froh und munter sein

Am 6. Dezember ist Nikolaustag. Alle Kinder freuen sich, denn der Nikolaus bringt Äpfel, Schokolade, Plätzchen und Nüsse! Er füllt alles in seinen großen Sack und stapft durch Sturm und Schnee. Manchmal wird der Nikolaus von einem Engel bis an dein Haus begleitet. Am besten, du singst ganz laut, damit er dich auch hört:

Lasst uns froh und mun-ter sein und uns recht von Her-zen freun. Lus-tig, lus-tig, tra-la-la-la-la, bald ist Ni-klaus-a-bend da, bald ist Ni-klaus-a-bend da.

Dann stell ich den Teller auf,
Niklaus legt gewiss was drauf.
Lustig, lustig, tralalalala,
bald ist Niklausabend da,
bald ist Niklausabend da.

Wenn ich schlaf, dann träume ich:
Jetzt bringt Niklaus was für mich.
Lustig, lustig, tralalalala,
bald ist Niklausabend da,
bald ist Niklausabend da.

Wenn ich aufgestanden bin,
lauf ich schnell zum Teller hin.
Lustig, lustig, tralalalala,
bald ist Niklausabend da,
bald ist Niklausabend da.

Niklaus ist ein guter Mann,
dem man nicht genug danken kann.
Lustig, lustig, tralalalala,
bald ist Niklausabend da,
bald ist Niklausabend da.

Ein Engelchen im Baumhaus

Sofie traute ihren Augen nicht. Sie lief noch mal ein paar Schritte zurück. Doch wirklich, da oben im Baumhaus der Nachbarn saß ein Engel! Sofie konnte ihn ganz genau sehen – er hatte lange blonde Haare, zwei Flügel und trug ein weißes Kleidchen! Neben ihm stand ein Tannenbaum, und mehr konnte Sofie nicht erkennen, weil das Baumhausfenster so klein war. Das war wirklich ein Engel! Sofie wollte gleich hinaufklettern, da fiel ihr ein, dass sie vielleicht ein Geschenk mitnehmen könnte. Sie rannte ins Haus und holte ein paar Plätzchen, die sie in eine Serviette wickelte. Dann flitzte sie wieder hinaus. Zum Glück war der Engel noch da! Leise und vorsichtig stieg Sofie die Sprossen zum Baumhaus hinauf. Ganz langsam, um den Engel nicht zu erschrecken, schaute sie hinein. Dann rief sie überrascht: „Hanna, das bist ja du!"

Der Engel lachte. „Hallo, Sofie!" Es war ihre Freundin Hanna, die Nachbarstochter. Sie hatte sich ein Engelskostüm angezogen – mit Flügeln und richtiger Perücke! Sofie kicherte. „Ich dachte, du bist ein echter Engel!" Sie legte die Serviette mit den Plätzchen auf Hannas Schoß. „Die wollte ich dem Engelchen schenken." Hanna fragte: „Wollen wir so tun, als ob ich wirklich ein Engel wäre? Einer, der sich hier verirrt hat und dem du jetzt hilfst?" Sofie nickte. „Au ja!"

Und wer an diesem Tag zufällig zum Baumhaus hochschaute, wunderte sich bestimmt sehr, wie laut Engelchen lachen können.

Der kleine Bruder mit den größten Ideen

„Was machst du da?", fragte Moritz. „Mich ärgern", maulte Clara. „Aber warum?" Moritz schaute auf den Adventskalender, den Clara für Mama selbst gemalt hatte. In eine Pappe hatte sie 24 Türchen geritzt und sie auf eine zweite Pappe geklebt. Hinter die Türchen hatte sie tolle Bilder gemalt: ein Glöckchen, ein Herz, einen Schlitten, Geschenke, einen Wald, ein Rentier ... „Das ist hübsch", fand Moritz. Clara brummte nur. So ein kleiner Bruder hatte ja keine Ahnung, wie schwer das war! „Kann ich was helfen?", fragte Moritz. Clara schüttelte rasch den Kopf. „So was kannst du noch nicht. Die Türen bleiben nicht zu, das kannst du auch nicht ändern." Moritz schob beleidigt die Unterlippe vor. Er nahm sich ein eigenes Blatt. Das malte er kunterbunt und wild voll: gelbe Kritzelstriche, blaue Dreiecke, rote Punkte. Plötzlich sagte er: „Du kannst die Türchen mit einem goldenen Stern zukleben. Die kann man leicht wieder abmachen." Clara starrte ihn an. „Du bist super!", jubelte sie. Schnell holte sie die Aufkleber. Moritz knibbelte sie ab und Clara drückte sie auf die Türchen. Bald waren sie fertig. „Das sieht sogar noch besser aus als vorher", strahlte Clara. Sie schaute auf Moritz' Bild. „Weißt du, was?", überlegte sie. „Das könnte ein prima Adventskalender für Papa werden. Soll ich dir helfen?" Moritz nickte aufgeregt. Zusammen bastelten sie eine Pappe mit 24 Türchen, klebten sie auf Moritz' Bild und verschlossen die Türchen mit Sternen. Sehr zufrieden versteckten sie die Kalender. „Da werden Mama und Papa sich freuen", meinte Moritz. Und ausnahmsweise war Clara mal ganz seiner Meinung.

Ein Gespenst mit Beinen

Stirnrunzelnd flog Engel Balduin um das verfallene alte Haus herum. Wo war denn nur die Igelfamilie, die hier jedes Jahr ihren Winterschlaf hielt? Ach, da unterm Tisch hockte sie, eingekuschelt in warme Blätter. „Hallo, liebe Igel!", rief Balduin. „Wünscht ihr euch vorm Winterschlaf etwas zu Weihnachten?" Er legte einige Zweige vom Tannenbaum auf den Tisch. Der Igelvater schüttelte den Kopf. „Uns geht's gut, danke!" Plötzlich klapperte etwas. „Ach herrje", seufzte die Igelmutter. „Das sind wieder die Menschen. Sie wollen das Haus abreißen. Dann können wir hier nicht mehr Winterschlaf halten. Ojeojeoje!" Balduin runzelte die Stirn. Abreißen? Hier wohnten doch die Igel! Aber er hatte eine Idee. Er stülpte sich sein Kleid über den Kopf, sodass man nur noch seine nackten Beinchen sah. Dann rief er „Uhhh, uhuuu!" und flog die Treppe hinauf. Die Menschen verstummten. „Uhhh, ahhh!", jaulte Balduin. „Was ist das?", flüsterte ein Mensch. „Hier spukt es ja!", flüsterte ein anderer. Und als Balduin die Treppe wieder hinuntersauste und auf sie zuflog, kreischten sie: „Hilfe, ein Gespenst mit Beinen!", und rannten zur Tür hinaus. Balduin lachte und flog zur Igelfamilie. „Die kommen bestimmt nicht wieder", sagte er. „Habt einen schönen Winterschlaf!" Die Igel bedankten sich. „Das ist ein tolles Geschenk, danke!", fiepten die Igelkinder. Balduin winkte. Dann flog er zum Himmel hinauf. Dabei stülpte er noch einmal das Kleid über den Kopf. Ob er Petrus so vielleicht auch erschrecken konnte?

Drei Päckchen für Stumpi

Madlen schaute durchs Fenster und grübelte. Draußen lief Frau Grosse mit ihrem Dackel Stumpi durch den Schnee. Madlen seufzte. Sie wollte Frau Grosse zu Weihnachten so gern ein Geschenk machen. Sie wohnten im selben Haus und spielten oft Karten miteinander. Auch durfte Madlen manchmal Stumpi ausführen und ihm das Fell bürsten. Es war immer so schön bei Frau Grosse! Aber leider wollte sie kein Geschenk. „Ich freue mich, dass du da bist", sagte sie stets. Dabei wusste Madlen genau, dass Frau Grosse nur wenig Geld hatte und sich nicht viel kaufen konnte. Sie schimpfte immer über das furchtbar teure Hundefutter. Madlen hatte ein bisschen Taschengeld gespart. Aber als sie mit Mama durch den Supermarkt lief, fand sie einfach kein passendes Geschenk. „Frau Grosse mag keine Plätzchen und liest keine Bücher und, ach ...", seufzte Madlen. Mama lächelte sie verständnisvoll an. Doch dann gingen sie am Regal mit Tierfutter vorbei. Und da hatte Madlen endlich eine gute Idee! Sie kaufte drei Dosen Hundefutter – das leckerste natürlich – und wickelte sie daheim in wunderschönes Geschenkpapier.

Oh, wie Frau Grosse sich später darüber freute! „Du bist ein Engel", sagte sie gerührt. Und dann schenkte sie Madlen die drei Schokoladentafeln, die sie von Bekannten bekommen hatte – und die sie gar nicht mochte. Madlen aber schon. So ein Glück!

Zimtus, Nelko und Vanillchen

Zimtus, Nelko und Vanillchen waren die vernaschtesten Engel im ganzen Himmel. Gerade hatte Zimtus wieder ein Backblech Zimtsterne aus dem Ofen geholt – und sie hatten eins nach dem anderen verknuspert. Petrus schüttelte den Kopf. „So geht das nicht", schimpfte er. Die drei Engel schlichen mit gesenktem Kopf herbei. „Jetzt ist Schluss", sagte Petrus. „Sonst bleiben gar keine Plätzchen für die Menschenkinder übrig. Ihr geht besser Mehl holen. Und beeilt euch bitte." Die Engel nickten. Sie wollten doch eigentlich brav sein. Folgsam flogen sie hintereinander her zur großen Wolkenmühle. Der Müllerengel drückte jedem einen dicken Mehlsack in die Hand. Doch auf dem Rückweg wurden die drei schon wieder zappelig. Kichernd hüpften sie mit den Säcken von einer Wolke zur nächsten. Es dauerte nicht lange, da plumpste Nelkos Sack um, öffnete sich und verteilte Mehl – auf Nelko, auf der Wolke und dann hinab auf die Erde. Vergnügt schauten die Engel dem Mehl hinterher. „Jetzt schneit es auf der Erde", wisperte Vanillchen begeistert. Kaum war Nelkos Sack leer, öffnete sie ihren eigenen. „Hui, so viel Schnee!" Genauso machte es Zimtus. So kam es, dass sie mit leeren Säcken vor Petrus standen. Petrus musste lachen. „Ihr seid mir drei kleine Räuber!", schmunzelte er. „Vielleicht seid ihr in der Bäckerei doch besser aufgehoben. Aber nascht nicht so viel!" Die Engelchen kicherten. Und bemühten sich von nun an wirklich, etwas für die Menschenkinder übrig zu lassen.

Fritz und Emily Koegel
Der Bratapfel

In der Weihnachtsbäckerei geht es lustig zu! Hoch im Himmel wird beim Ausstechen der Plätzchen gekichert und gesungen. Aber was macht ein Engel, wenn der Tag zu Ende geht? Dann hat er Hunger! Die Engel füllen Äpfel mit Nüssen, Honig und Marzipan und schieben sie in den großen Ofen. Dann klingelt ein Engel mit dem Glöckchen: Feierabend! Und er ruft:

Kinder, kommt und ratet,
was im Ofen bratet!
Hört, wie's knallt und zischt.
Bald wird er aufgetischt,
der Zipfel, der Zapfel,
der Kipfel, der Kapfel,
der gelbrote Apfel.

Kinder, lauft schneller,
holt einen Teller,
holt eine Gabel!
Sperrt auf den Schnabel
für den Zipfel, den Zapfel,
den Kipfel, den Kapfel,
den goldbraunen Apfel!

Sie pusten und prusten,
sie gucken und schlucken,
sie schnalzen und schmecken,
sie lecken und schlecken
den Zipfel, den Zapfel,
den Kipfel, den Kapfel,
den knusprigen Apfel.

Zauberhafter Weihnachtswunderstaub

Weihnachtswunderstaub ist sehr selten. Der Weihnachtsmann braucht ganz wenig davon, nur für ganz spezielle Notfälle. Vorigen Winter zum Beispiel, da wurde unterwegs ein Rentier krank! Der Weihnachtsmann konnte es natürlich nicht alleine zurückschicken, also streute er ein bisschen Weihnachtswunderstaub über dessen schmerzenden Bauch – und gleich ging es ihm wieder gut!

In diesem Jahr sah es ganz so aus, als würde der Weihnachtsmann einmal keinen Weihnachtswunderstaub benötigen. Er war schon auf dem Rückflug quer durch den Himmel, als plötzlich – krach! – etwas gegen seinen Schlitten flog. Er sah es nach unten zur Erde trudeln – oje! Das war ein Tier, es würde sich verletzen, wenn es zu Boden fiel! Rasch warf der Weihnachtsmann etwas Weihnachtswunderstaub hinterher. Dann jagte er die Rentiere zur Erde. Sie kamen an, als das Tier langsam auf den Schnee zuschwebte. Aber nanu? Das war kein Tier! Es war ein ferngesteuertes Flugzeug! Darin lag ein Brief, auf den ein schöner Tannenbaum gemalt war. Im Brief stand: „Lieber Weihnachtsmann. Vielen Dank für das Flugzeug, ich habe mich sehr gefreut. Dein Noah." Der Weihnachtsmann lachte. Dann steckte er den Brief in seine Tasche und hielt das Flugzeug in die Luft. Noch etwas Weihnachtswunderstaub darauf – und schon flog es zu Noah zurück. Schmunzelnd stieg der Weihnachtsmann in seinen Schlitten. Ein Brief mit Luftpost. Dieser Noah würde bestimmt ein toller Pilot werden!

Wie gut, wenn man einen Hauswichtel hat!

Der kleine Hauswichtel des Weihnachtsmanns hatte viel zu tun. Ihr müsst wissen, dass der Weihnachtsmann kurz vor Weihnachten sehr zerstreut ist. Immer verlegt er etwas irgendwo im Haus. „Wo ist meine Lesebrille?", ruft er gewiss zehnmal am Tag. Zum Glück passt der Hauswichtel gut auf und weiß es meistens. Diesmal aber blieb er mit offenem Mund stehen, als der Weihnachtsmann ihn fragend ansah. „Wie bitte?", fragte er. „Na, ob du meinen Schlitten gesehen hast", brummte der Weihnachtsmann. „Letztes Jahr habe ich ihn wohl nicht in die Garage gebracht, jedenfalls ist er da nicht." Der Hauswichtel nickte. „Soso", krächzte er. „Na, ich suche dann mal." Aber er hatte keinen blassen Schimmer, wo er suchen sollte. So ein Weihnachtsschlitten ist schließlich riesengroß, der kann doch nicht einfach verschwinden! Der Hauswichtel suchte im Wunschzettelbüro, in den Bastelwerkstätten, hinterm Hühnerstall und im Wald. Nirgends ein Schlitten. Verzweifelt hockte sich der Hauswichtel zu Rentier Rudi. „Wo kann der Schlitten bloß sein?", murmelte er. Rudi schnaubte. „Ich weiß es", sagte er. „Schau mal auf den großen Festplatz." Der Hauswichtel rannte los. Er schaute sich um – und dann fiel es ihm wieder ein. Die Bühne! Im letzten Jahr beim Weihnachtstheaterstück war ein Pfeiler unter der Bühne zerbrochen, und sie hatten schnell den Schlitten daruntergeschoben, um sie von unten zu stützen. „Ich hab ihn", rief der Hauswichtel fröhlich. Der Weihnachtsmann freute sich. „Du findest eben immer alles", brummte er zufrieden. Wie gut, wenn man so einen tollen Hauswichtel hat!

Larissas Überraschung

Larissa sprang aufgeregt aus dem Bett. Sie horchte: Noch war keiner wach. Wie der Blitz zog sie sich an. Dann griff sie nach der Tüte mit den Geschenken und nach den langen Bändern, die sie gestern Abend zurechtgeschnitten hatte. Das würde eine tolle Überraschung werden!

Leise schlich sie nach draußen und holte die große Klappleiter hinter dem Haus hervor. Verflixt, war die schwer! Sie kippte zur Seite – aber zum Glück machte das keinen Krach, es lag ja Schnee. Larissa schleppte die Leiter zum Apfelbaum vorm Haus. Das Aufstellen schaffte sie nicht allein. Oje! Larissa wollte doch alle ihre Geschenke in den Baum hängen, genau wie Pippi es gemacht hatte! Jetzt würde es nicht klappen. Larissa musste beinahe weinen – als plötzlich jemand „Guten Morgen" sagte. Es war Jonas von gegenüber, der manchmal auf sie aufpasste! Er wollte gerade mit seinem Hund im Wald Gassi gehen. Jonas wusste sofort, was Larissa vorhatte. „Ich helfe dir", sagte er. Rasch stellte er die Leiter auf und hielt Larissa gut fest, während sie die Geschenke aufhängte. Er half auch ein bisschen bei den vielen Knoten. „Gut, dass du da bist", rief Larissa glücklich, als sie fertig waren. „Danke!" Jonas lächelte und schnappte sich seinen Hund, der brav am Gartentor gewartet hatte. „Wenn du morgen wieder Gassi gehst, hängt hier ein Geschenk für dich", rief Larissa ihm noch nach. Dann flitzte sie wieder ins Haus. Sie kuschelte sich zu Mama und Papa ins Bett.

„Was hast du für kalte Füße", stöhnte Papa. „Kann gar nicht sein, ich hatte doch Schuhe an", rief Larissa. Dann hielt sie sich den

Mund zu. Beinahe hätte sie alles verraten! „Schuhe?", murmelte Mama verschlafen.

„Im Bett?" Larissa kicherte. „Komm, wir wollen aufstehen", sagte sie und hüpfte aus

den Decken. Nach dem Anziehen half sie beim Frühstückmachen. Immer wieder

musste sie vor Freude glucksen. „Was ist denn los mit dir?", fragte Papa erstaunt.

„Freust du dich so auf heute Abend?" Larissa nickte kichernd. „Genau, aber auch

auf gleich." Papa schüttelte verwirrt den Kopf. Als sie gefrühstückt hatten, holte La-

rissa einen gebastelten goldenen Stern aus ihrem Zimmer. „Hier, könnten wir den

nicht draußen an den großen Baum hängen?", fragte sie. „Das würde doch hübsch

aussehen zu Weihnachten!" Das fanden Mama und Papa auch.

Also zogen sie ihre Schuhe an und öffneten die Tür. „Was

ist denn hier passiert?", rief Mama staunend. „Ich

glaub's ja nicht", sagte auch Papa. Larissa strahl-

te. „Aber abmachen dürft ihr sie erst, wenn es

dunkel wird", erklärte sie. „Ich läute dann mit

einem Glöckchen." Mama und Papa nickten

fröhlich. Sie hängten den Stern zu den Geschen-

ken. Dann halfen sie Larissa, selbst gebackene

Kekse zu verpacken, und Papa schrieb „Für Jonas"

darauf. Dieses Geschenk hängte Larissa ganz nah

an den Gartenzaun. Papa knuddelte sie. „Du bist wirklich ein tolles Mäd-

chen", sagte er liebevoll. Larissa freute sich – es war so schön, jemanden

zu überraschen!

Theodor Storm

Knecht Ruprecht

Das Christkind braucht an Weihnachten viele Helfer: Jeder Engel tut, was er kann, und auch
Knecht Ruprecht hilft mit. Er schleppt Plätzchen und andere Geschenke in seinem Sack
durch Wald und Schnee – hör nur, was er zu berichten hat:

Von drauß' vom Walde komm ich her;
ich muss euch sagen, es weihnachtet sehr!
Allüberall auf den Tannenspitzen
sah ich goldene Lichtlein sitzen;
und droben aus dem Himmelstor
sah mit großen Augen das Christkind hervor;
und wie ich so strolcht' durch den finstern Tann,
da rief's mich mit heller Stimme an:
„Knecht Ruprecht", rief es, „alter Gesell,
hebe die Beine und spute dich schnell!
Die Kerzen fangen zu brennen an,
das Himmelstor ist aufgetan,
Alt' und Junge sollen nun
von der Jagd des Lebens einmal ruhn;
und morgen flieg ich hinab zur Erden,
denn es soll wieder Weihnachten werden!"
Ich sprach: „O lieber Herre Christ,
meine Reise fast zu Ende ist;
ich soll nur noch in diese Stadt,
wo's eitel gute Kinder hat."

„Hast denn das Säcklein auch bei dir?"
Ich sprach: „Das Säcklein, das ist hier:
Denn Äpfel, Nuss und Mandelkern
essen fromme Kinder gern."
„Hast denn die Rute auch bei dir?"
Ich sprach: „Die Rute, die ist hier;
doch für die Kinder nur, die schlechten,
die trifft sie auf den Teil, den rechten."
Christkindlein sprach: „So ist es recht;
so geh mit Gott, mein treuer Knecht!"
Von drauß' vom Walde komm ich her;
ich muss euch sagen, es weihnachtet sehr!
Nun sprecht, wie ich's hier drinnen find!
Sind's gute Kind, sind's böse Kind?

Das verflixte Knusperhäuschen

Lena war über und über mit Zuckerguss beklebt. „Das ist aber schwierig", fand sie. Papa stöhnte. „Wieso klebt das Zeug nicht besser?", fragte er. Seit einer Stunde versuchten sie schon, die Wände des Knusperhäuschens zusammenzukleben. Aber der Zuckerguss hielt einfach nicht. Da klingelte es. Lena rannte zur Haustür. Es war der Postbote. „Wie siehst du denn aus?", rief er lachend, als er Lena ein Päckchen gab. Lena kicherte. „Eigentlich soll das am Haus kleben bleiben", erklärte sie. Der Postbote verstand und flüsterte: „Du musst den Puderzucker mit einem Eiweiß verrühren. Das hält bombenfest!" Dann winkte er. Lena rannte in die Küche und holte ein Ei aus dem Kühlschrank. „Hier, aber nur das Durchsichtige nehmen", sagte sie wichtig. Papa sah sie erstaunt an, dann gehorchte er. Er rührte, bis das Glöckchen der Küchenuhr klingelte. Der Puderzucker-Eischnee war viel dicklicher als der Zuckerguss – und wirklich, jetzt hielt alles zusammen. „Endlich", stöhnte Papa. Nun konnten sie auch Süßigkeiten aufs Dach kleben und den kleinen Weihnachtsmann vor die Tür des Knusperhäuschens stellen. „Was hat eigentlich der Postbote gebracht?", wollte Papa wissen. Lena holte das Paket hervor. Es war ein Geschenk von Großtante Lisbeth drin. Papa öffnete es. „Ein Pfefferkuchenhaus?" Er ächzte. „Da hätten wir uns die Mühe sparen können." Lena schüttelte den Kopf. „Kein bisschen, unseres ist viel schöner", sagte sie und drückte Papa einen dicken Puderzucker-Eischnee-Kuss auf die Nase.

Ein einzigartiger Adventskranz

„So, jetzt ab ins Haus und Tee kochen", murmelte Mama bibbernd, als sie mit Elias die Wohnungstür aufschloss. Elias nahm den grünen Kranz vom Schlitten, den sie gerade auf dem Markt gekauft hatten. Nachdem Mama und Elias sich mit Tee wieder aufgewärmt hatten, holte Mama Weihnachtsschmuck und Werkzeug. Um die Zweige band sie schöne rote Schleifen mit einem Glöckchen daran. Elias schob Zimtstangen und getrocknete Mandarinenscheiben unter das Band, damit es duftete. „Der sieht toll aus", fand Elias. „Ja, das wird ein schöner erster Advent morgen", sagte Mama. „Wann stellen wir die Kerzen auf den Kranz?", fragte Elias. Mama sah ihn erschrocken an. „Die Kerzen! Ich habe sie vergessen! Und die Geschäfte haben schon zu!" Sie sprang auf und wühlte in den Schubladen. Elias half ihr suchen. Kurze Zeit später lagen ihre Fundstücke auf dem Tisch: Eine halb abgebrannte dicke Kerze, eine dünne grüne mit Herzen drauf, zwei Mini-Kuchenkerzen, ein gelber Kerzenstummel und ein Teelicht. Elias hatte noch einen weißen Stern gefunden, aber das war leider eine Seife und keine Kerze. Mama überlegte eine Weile. Dann setzte sie die dicke Kerze, die grüne, das Teelicht und den gelben Stummel auf die Kerzenhalter. „Mal was anderes", meinte sie. „Und eigentlich geht es ja um das Licht, das uns Hoffnung bringen soll – die Kerze an sich ist ganz egal." Elias nickte eifrig. Sie ließen die Kerzen dran, bis sie abgebrannt waren. So einen einzigartigen Adventskranz hatte sicher niemand!

Geheime Weihnachtsbastelei

Linus und Lisa bastelten Weihnachtsgeschenke. Für Mama hatten sie schon einen alten Ordner mit bunten Filzstückchen beklebt. Da konnte sie ihre Rechnungen einheften. Für Papa bastelten sie ein Mobile. Er hatte gesagt, durchs Fenster seiner Werkstatt sehe er immer nur das trübe Winterwetter. Das wollten Linus und Lisa ändern. Lisa hatte schon einen Schlitten, Sterne und ein Rentier aus Tonpapier ausgeschnitten. Jetzt schnitt sie gerade das letzte Stück vom Engel zurecht. „Ich hole Bindfaden", rief sie dann und lief in die Küche. Als sie zurückkam, starrte sie erschrocken auf den Tisch. Alle ihre Figuren waren zerschnitten, mitten hindurch. „Linus?", sagte sie fragend. „Linus deholfen!", strahlte er. Lisa seufzte. Das sollte „Ich habe geholfen" heißen, sie verstand die Babysprache ihres kleinen Bruders ganz gut. „Du hast alles kaputt gemacht", jammerte sie. Lisa legte den Kopf auf den Tisch und seufzte. Sie hatte überhaupt kein bisschen Lust, alles noch mal auszuschneiden. Hinter ihr quiekte Linus fröhlich. Lisa drehte den Kopf und lachte. Linus hatte Fingerfarben entdeckt und sich das Gesicht angemalt. Lisa sprang auf. „Tolle Idee, Linus!", rief sie, schnappte sich die Fingerfarben und den verdutzten Bruder und lief aus dem Haus in Papas Werkstatt. Zum Glück arbeitete er vor Weihnachten nicht mehr. Da konnten sie in aller Ruhe das Fenster bemalen. Mit kunterbunten Fingerfarben und fröhlichen Mustern und Figuren. Lisa lachte. Das trübe Winterwetter konnte Papa nie mehr traurig machen!

Ein Winterschläfchen

In der Stube hör ich's summen,

neben mir ganz leise brummen ...

Nah am Stamm vom Tannenbaum

zappelt was, ich seh es kaum.

Das kann kein Engel sein.

Dafür ist es zu klein!

Gelb ist es und schwarz,

ein Fuß klebt fest im Harz.

Ein Winterschläfchen wollt' sie machen,

erst im Frühling neu erwachen.

Hatte sich so gut versteckt,

hier im Haus wurd' sie geweckt:

weil es wackelte und krachte,

als ich unsren Baum reinbrachte.

Ach, wie müd sie taumelt,

an den Zweiglein baumelt ...

Liebe Wespe, komm zu mir,

kletter auf dies Blatt Papier.

Rasch trag ich dich in den Garten,

kannst hier auf den Frühling warten.

Dies ist mein Geschenk für dich.

Pikst du bitte nie mehr mich?

Schlafe, schlaf mein Wespenkind,

bis die Tage wärmer sind.

Der Riesenweihnachtsschneemann

Larissa und Daniel bauten einen Schneemann. Den größten Schneemann der Welt! Mama half ihnen. Bald kamen auch die Nachbarin, ihre zwei Kinder und die alten Leute von gegenüber. Sie rollten eine Riesenkugel, eine ziemlich dicke und eine kleinere. Leider bekamen sie die ziemlich dicke Kugel nicht mehr auf die Riesenkugel gehoben – sie war viel zu schwer! Zum Glück hatte der alte Herr von gegenüber einen kleinen Traktor. Mit der Heugabel des Traktors hob er die ziemlich dicke Kugel hoch und setzte sie auf die Riesenkugel. Dann hob er noch die kleinere Kugel auf die ziemlich dicke. Jetzt war es ein Riesenschneemann! Sie klopften alles fest und steckten Steine als Knöpfe in den Schnee. Dann holte die Nachbarin eine Leiter. Larissa stieg hinauf, legte dem Schneeriesen einen roten Schal um und setzte ihm eine rote Mütze mit weißem Bommel und Glöckchen auf. Dann drückte sie Steine als Augen und Mund fest und eine Möhre als Nase hinein. Unter dem Applaus der anderen stieg sie von der Leiter. „Der sieht aus wie der Weihnachtsmann", fand Daniel. Das meinten die anderen auch. Also befestigten sie ein Seil an seiner Seite und hängten einen Schlitten dran. „Ein Riesenweihnachtsschneemann", rief Larissa lachend. Dann fing es an zu schneien. Dicke Flocken fielen vom Himmel. Die Kinder tanzten um den Riesenschneemann herum, und es sah ganz so aus, als würde es ihm gut gefallen.

Text: Karl F. Splittegarb, Melodie: Carl Gottlieb Hering

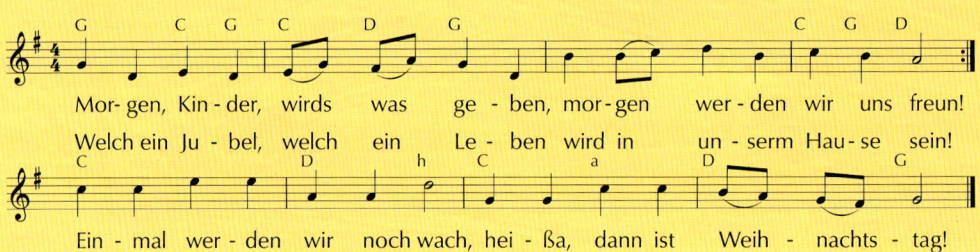

Morgen, Kinder, wird's was geben

Was macht der Weihnachtsmann, wenn er einmal Pause hat? Er schwingt sich auf seinen Schlitten und fliegt mit Rentier Rudolf über den Himmel. Dann blinzelt er durch die Wolken und lauscht, ob er nicht irgendwo eine Kinderstimme hört, die ein Weihnachtslied singt. Sing doch einmal, vielleicht hört er dich!

G C G C D G C G D
Mor- gen, Kin - der, wirds was ge - ben, mor - gen wer - den wir uns freun!
Welch ein Ju - bel, welch ein Le - ben wird in un - serm Hau - se sein!
C D h C a D G
Ein - mal wer - den wir noch wach, hei - ßa, dann ist Weih - nachts - tag!

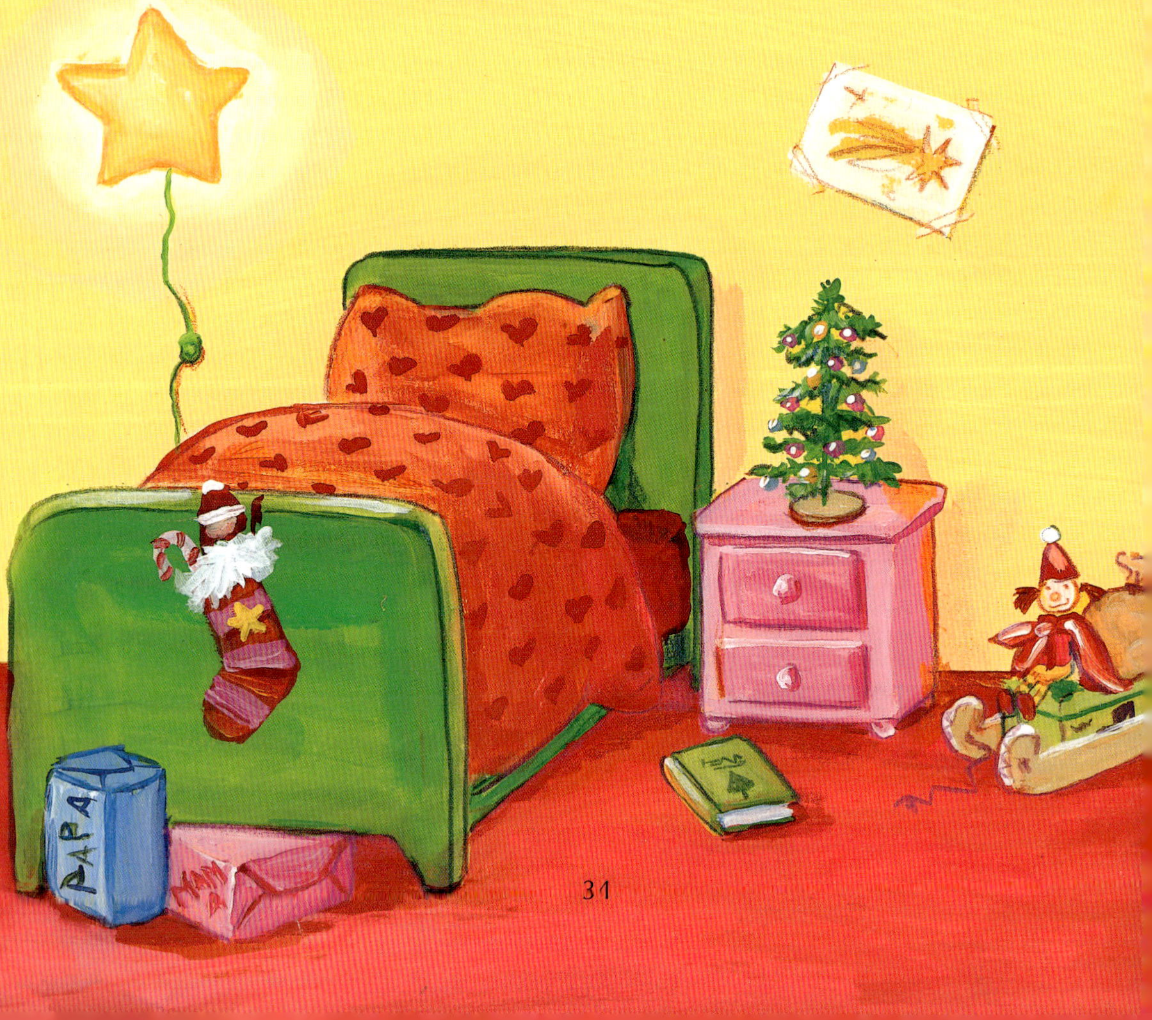

Wie wird dann die Stube glänzen
von der großen Lichterzahl!
Schöner als bei frohen Tänzen
ein geputzter Kronensaal.
Wisst ihr noch, wie vor'ges Jahr
es am Heil'gen Abend war?

Wisst ihr noch mein Räderpferdchen,
Malchens nette Schäferin,
Jettchens Küche mit den Herden
und dem blank geputzten Zinn?
Heinrichs bunten Harlekin
mit der gelben Violin?

Welch ein schöner Tag ist morgen!
Viele Freunde hoffen wir;
unsre lieben Eltern sorgen
lange, lange schon dafür.
O gewiss, wer sie nicht ehrt,
ist der ganzen Lust nicht wert.

Joseph von Eichendorff

Weihnachten

Wenn es in der Weihnachtszeit draußen dunkel ist, sitzen gern alle kuschelig im Haus beisammen und essen Plätzchen, während draußen der Schnee fällt. Aber manchmal ist es auch schön, durch die Straßen zu wandern, während am Himmel ein Stern leuchtet:

Markt und Straßen stehn verlassen,
still erleuchtet jedes Haus,
sinnend geh ich durch die Gassen,
alles sieht so festlich aus.

An den Fenstern haben Frauen
buntes Spielzeug fromm geschmückt,
tausend Kindlein stehn und schauen,
sind so wunderstill beglückt.

Und ich wandre aus den Mauern
bis hinaus ins freie Feld,
hehres Glänzen, heil'ges Schauern!
Wie so weit und still die Welt!

Sterne hoch die Kreise schlingen,
aus des Schnees Einsamkeit
steigt's wie wunderbares Singen –
o du gnadenreiche Zeit!

Mit Papa auf dem Weihnachtsmarkt

Michi griff nach Papas Hand. Mmh, wie das duftete! Überall leuchteten Lichterketten, Musik wehte zu ihm herüber und es war alles voller Menschen in dicken Jacken und warmen Mänteln. Papa hob Michi auf seinen Rücken – hier konnte er besser sehen. Sie gingen an lauter kleinen Holzhäusern vorbei. Michi entdeckte Weihnachtskugeln und Rauchmännchen auf kleinen Schlitten, Holzspielzeug und einen ganzen Stand mit Plätzchenformen. Und dort drüben: „Papa", rief Michi. „Da gibt es Mutzenmandeln!" Die mochte Papa auch gern. Darum beeilte er sich und kaufte eine große Tüte. Die waren aber heiß! Michi pustete und blies dabei den Puderzucker in Papas Gesicht. „Hatschi!", machte Papa. Michi lachte. Dafür durfte Papa als Erster probieren. „Mmh", machte er. Danach ritt Michi auf dem größten Pferd des Karussells. „Ich fliege", jubelte Michi. „Ich reite durch den Himmel!" Als ein Glöckchen bimmelte, war die Fahrt vorbei. „Ach, ist das schön auf dem Weihnachtsmarkt!", flüsterte Michi. Dann war es Zeit, nach Hause zu gehen. Michi durfte wieder auf Papas Schultern sitzen. Er drehte sich noch einmal um und sah den großen Stern, der über dem Markt leuchtete. „Auf Wiedersehen, bis bald", flüsterte Michi. Denn das musste er unbedingt Mama zeigen!

Die freche kleine Elster

Wusch! Der Weihnachtsmann sauste mit seinem Schlitten durch den Wald. Auf einmal schwankte der Schlitten – und kippte um. „Hatschi", rief der Weihnachtsmann, als er im Schnee landete. Rasch stand er auf und schob den Schlitten wieder auf die Kufen. Er schnippte mit den Fingern – schon stapelten sich alle Geschenke ordentlich auf dem Schlitten. „Wie gut, dass ich in der Weihnachtsnacht zaubern kann", murmelte der Weihnachtsmann. Er kletterte auf den Schlitten, nahm die Zügel und ... „Halt!", krächzte es über ihm. Auf einem Zweig saß ein hübscher schwarz-weißer Vogel. „Hallo, Elster", sagte der Weihnachtsmann freundlich. „Dir fehlt ein Geschenk", krächzte die Elster. Der Weihnachtsmann wunderte sich. „Nur ein ganz kleines", sagte die Elster. „Ich habe es gefressen, weil es so lecker roch. Nach Plätzchen und Zucker." Nun entdeckte der Weihnachtsmann das zerfledderte Geschenkpapier, in dem eine Kette zum Knabbern gelegen hatte. „Aber das war für die kleine Sofie", sagte der Weihnachtsmann streng. „Ich weiß", jammerte die Elster. „Ich habe nicht nachgedacht. Entschuldige." Sie flatterte beschämt davon. Der Weihnachtsmann seufzte. „Neue Geschenke kann ich leider nicht zaubern, die machen nur die Wichtel." Da kam die Elster plötzlich zurück. Im Schnabel hielt sie eine goldene Kette. „Die habe ich auf dem Waldweg gefunden. Meinst du, sie gefällt Sofie?" Der Weihnachtsmann nickte zufrieden. „Bist ein guter Vogel", lobte er. Vorsichtig wickelte er das Papier um die Kette. „Komm mit", meinte er dann. „Du darfst schauen, wie Sofie sich freut." Und an diesem Abend freute sich nicht nur Sofie, sondern auch die kleine Elster.

Schneeflöckchen, Weißröckchen

Wann schneit es endlich? Vielleicht hast du Glück und draußen wirbeln schon kleine Flocken umher? Dann setz dich ans Fenster und schau genau hin: Manchmal hockt ein kleiner Engel auf einer dicken Schneeflocke und lässt sich vom Himmel hinabtragen. Wenn du ihn siehst, erschrickt er und flattert rasch davon. Dann auf nach draußen: Schnapp dir deinen Schlitten und ab in den Schnee!

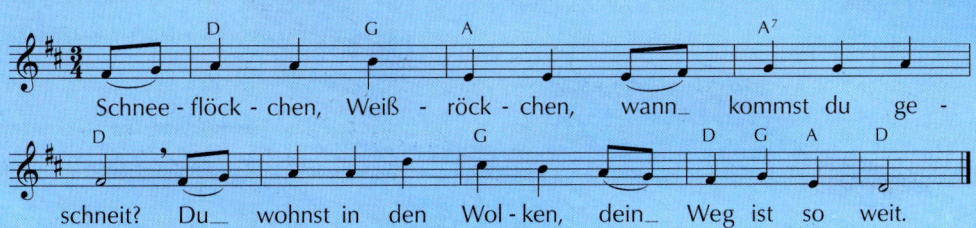

Schnee - flöck - chen, Weiß - röck - chen, wann kommst du ge - schneit? Du wohnst in den Wol - ken, dein Weg ist so weit.

Hilfe für einen kleinen Engel

Purzeldipurzeldirums!

Nanu, was war denn das? Alle Waldtiere huschten erschrocken in ihre Höhlen. Mitten im Wald
war etwas in den Schnee gefallen! Aber es bewegte
sich nicht. Das kleine Eichhörnchen traute sich als Erstes heraus. Vorwitzig sprang es durch den Schnee und rief dann:
„Zu Hilfe, zu Hilfe!" Sogleich hasteten alle Tiere herbei.
„Ein Engel!", flüsterte das Eichhörnchen erschrocken.
„Geh mal zur Seite", grunzte das Wildschwein. Sanft griff es den Engel am Kleid und
legte ihn in die warme Kuhle, in der das Wildschwein geschlafen hatte. Die Eule hüpfte hinzu und breitete ihre Flügel über dem zitternden Engelskind aus. Die Nachtigall
begann zart zu singen. Bald öffnete der kleine Engel seine Augen. Er lächelte dankbar.
Aber dann legte er den Kopf in die Hände und schluchzte. „Ich bin beim heimlichen
Fliegenüben abgestürzt. Keiner weiß, wo ich bin. Und in den Himmel fliegen kann ich
auch nicht, mein linker Flügel tut mir weh!" Die Tiere sahen sich ratlos an. Da hatte
der Hirsch eine Idee. Er legte seinen Kopf in den Nacken und röhrte so laut er konnte.
Alle lauschten. Und wirklich, es dauerte nicht lange, da sauste etwas Braunes über die
Baumwipfel und landete neben ihnen. „Rudolf!", jubelte der kleine Engel. Natürlich
hatte das Rentier den Hilferuf gehört. Jetzt hoben die Waldtiere den Engel auf seinen
Rücken. „Hier, Rudolf, für dich", wisperte das Engelchen und steckte ihm zwei Plätzchen in den Mund, die es in seinem Kleid gehabt hatte. Dann galoppierte Rudolf in
den Himmel und brachte den kleinen Engel nach Hause.

Der duftende Weihnachtsmann

Der liebe gute Weihnachtsmann
sieht sich mit Stirnrunzeln heut an:
„Wie schmuddelig ich stets aussehe,
wenn ich durch die Werkstatt gehe!

Hier ein Fussel, da ein Holzspan,
gelbe Farbe von dem Holzkran!
Und dazu der viele Staub –
in die Wanne, mit Verlaub!"

Der Weihnachtsmann lässt Wasser ein,
bis es dampft, dann steigt er rein.
Ach, wie schön der Schaum leis' knistert,
fast, als ob ein Wichtel flüstert.

Drauß' in Schnee und dunklem Wald,
uuh, da ist es bitterkalt.
Doch der Weihnachtsmann liegt still
in dem Bad, so lang er will.

Bald jedoch wird es erkalten
und die Finger kriegen Falten.
Ach, dann steigt er lieber aus,
greift sich rasch ein Handtuch raus.

Abrubbeln, wo ist der Föhn?
Ja, der Weihnachtsmann hat's schön!
Hübsch wie ein Geschenk ist er.
Und er duftet gar so sehr!

Max' kleine Winterwunderwelt

Max saß vor seinem Schreibtisch und grübelte. Seit zwei Tagen bastelte er schon an seinem Kunstwerk. Er hatte den ganzen Schreibtisch in eine Winterwunderwelt verwandelt: Auf dem Tisch lag überall weiße Watte – das waren die Wolken. Darin lagen, saßen und standen kleine Engel – als würden sie durch die Wolken purzeln. Auch vier Rentiere gab es, die übten natürlich Fliegen. Jetzt stellte Max gerade den kleinen Schlitten dazu, den er mit Mama aus Holzstäbchen gebastelt hatte. Max schaute auf seine Winterwunderwelt. Irgendetwas fehlte. Was nur?

Plötzlich stieß Max aus Versehen an den Schreibtisch und ein Rentier kippte um. Als Max es wieder aufstellte, hüpfte etwas erschrocken dahinter hervor und krabbelte unter die Watte. Max zog die Hand zurück. Igitt, war das ein Käfer gewesen? Im Winter? Vorsichtig hob er die Watte mit einem langen Stift hoch. Aber nein, das war kein Käfer, das war ein Engel! Er sah Max aufmerksam an. „Bist du winzig", flüsterte Max. Da lachte der Engel. „Ich kann auch größer sein", sagte er und flog aus der Watte heraus zum Bett. Dort drehte er sich zweimal um sich selbst – und schwupp, war er so groß wie Max! „Bist du ein Weihnachtsengel?", fragte Max begeistert. Der Engel nickte. „Eigentlich sollte ich jetzt im Himmel was basteln. Aber ich wollte doch noch einmal nachsehen, was du hier machst. Als ich deinen Wunschzettel vor einigen Tagen geholt habe, warst du noch nicht so weit!" Max nickte stolz. „Es fehlt aber irgendetwas", sagte er dann stirnrunzelnd. Der Engel nickte. Fröhlich schnippte er mit dem Finger. Nun lagen überall winzige Geschenke: in den Wolken, auf dem Schlitten und in den Händen der Engelfiguren. Max lachte. „Sehr gut", fand er. Jetzt griff der Engel in seine Tasche, hob die Hand und streute Glitzerfunken über die Winterwunderwelt. Da begann alles zu schweben! Die Wolken hingen über dem Tisch, die Engelchen purzelten umher und die Rentiere zogen den Schlitten durch die Luft. Max riss die Augen auf. Der Engel schmunzelte: „Na, es ist doch eine WinterWUNDERwelt", meinte er. „Immer, wenn du schnippst, kannst du sie wecken oder wieder schlafen lassen." Max schnippte. Alles sank wieder auf den Schreibtisch. Er schnippte noch einmal – die kleine Winterwunderwelt schwebte wieder empor. Der Engel lachte. „Bis Weihnachten hält der Glitzerzauber. Viel Spaß!"

Dann schnippte er selbst noch einmal und war verschwunden. Max schaute verblüfft auf die Stelle, an der der Engel eben noch zu sehen gewesen war. Dann lachte er glücklich. Das würde die schönste Vorweihnachtszeit werden, die man sich überhaupt denken konnte!

Gisbert auf der Wolken-Achterbahn

Hui, wer braust da übern Himmel?
Mitten durch das Schneegewimmel?
Klingeling, das Glöckchen wispert:
Das ist doch der Engel Gisbert!
Jetzt kommt er auf seinem Schlitten
quer durchs Wolkenweiß geritten.
Wusch, hinein ins Schäfchenfell,
Salto vorwärts und jetzt schnell –
hopp, die Wolke war schön klein,
schwupp, geht's in die nächste rein.
Oh, hier drin sieht's finster aus,
rasch, ganz rasch wieder hinaus!
Wie der Hagel Gisbert schüttelt
und an seinem Schlitten rüttelt!
Ach herrje, jetzt wird es knapp –
und da fällt er schon herab!
Landet auf der Wolkenmatte,
weich und sicher wie in Watte.
Engel Gisbert juchzt und lacht:
Das hat aber Spaß gemacht!

Zeit für Mama

Mama stöhnte. „Ich muss noch so viel machen!" Rieke schaute sie überrascht an: „Warum denn? Es ist doch alles schön!" Die Wohnung war geschmückt und aufgeräumt, sie mussten nur noch Kuchen backen. Mama seufzte. „Wenn Omi morgen kommt, soll alles super sein. Da will ich auch noch alle Fenster putzen! Aber jetzt gehe ich einkaufen. Bis gleich, Schatz." Schon war sie verschwunden. Rieke überlegte. So ein Quatsch, dachte sie, saubere Fenster für Omi. Aber sie wollte Mama trotzdem helfen und lief zu ihrem Bruder. „Komm, Kenneth, hilf mir", bat Rieke. Sie holte das Schneespray aus dem Bastelschrank. Dann musste Kenneth Schablonen malen. Zusammen schnitten sie alles aus: Sterne, Schlitten, Schneeflocken, Engel und einen Tannenbaum. Schon hielt Kenneth die erste Tannenbaum-Schablone vor das Küchenfenster. Rieke durfte auf die Spraydose drücken. Als Kenneth die Schablone herunternahm, prangte am Fenster ein wunderschöner Tannenbaum. „Juchhu", jubelte Rieke. „Wie im Himmel! Noch mehr!"

Sie sprühten ein hübsches Bild an jedes Fenster im Haus. Gerade als sie Mamas Schlüssel im Türschloss hörten, wurden sie fertig. „Mama", rief Rieke, „du brauchst keine Fenster mehr putzen!" Mama sah sie verdutzt an. Dann schaute sie zu den Fenstern. Erst machte sie große, erstaunte Augen. Dann lachte sie. „Ihr seid ja Schätze!", sagte sie. Und dann nahm sie sich ganz viel Zeit für Rieke und Kenneth. Zum Kuchenbacken und Kakaotrinken und Lachen. Denn Zeit, die hatte sie jetzt genug.

Echte Piraten-Weihnachten

Pirat Poldi saß auf seinem Schaukelstuhl vorm Steuerrad und schaute in den Sternenhimmel hinauf. Heute war Weihnachten! Pirat Poldi seufzte. Vor ein paar Tagen hatte er eine Flaschenpost an seine Mama geschickt. Sehnsüchtig betrachtete er einen hellen Stern. Weihnachten ohne Mama, das ist selbst für einen erwachsenen Piraten nicht leicht. Ach, seine Mama hatte damals zu Hause im Wald immer so leckere Plätzchen gebacken. Pirat Poldi schnupperte. Ihm war fast, als könnte er sie riechen ... „Poldi, willst du mir vielleicht hochhelfen?", rief eine Stimme. Poldi lächelte. Ihm war fast, als könnte er seine Mama hören ... „Poldi!", tönte es jetzt lauter – und dann flog dem Piraten ein Holzschuh an den Kopf. „Aua!" Poldi öffnete die Augen und sprang auf. „Wer wagt es?" Da flog der zweite Holzschuh an ihm vorbei. Er konnte sich gerade noch ducken. „Poldi, zieh mich hoch!" Verwundert beugte sich Poldi über die Reling. „Mama!", rief er glücklich. Da stand doch tatsächlich seine Mama auf einem Floß, neben sich einen Tannenbaum und einen Berg an Geschenken! Poldi warf die Strickleiter hinunter. Dann nahm er zuerst seine Mama auf den Rücken, danach holte er den Tannenbaum und am Ende die Geschenke. Bald darauf saßen sie vorm geschmückten Weihnachtsbaum, den sie an den Mast gebunden hatten, futterten Plätzchen und packten Geschenke aus. „Das hast du alles für mich geklaut?", staunte Poldi. „Alles von einem geenterten Schiff!", lachte seine Mama und nahm ihren großen, starken Piratenjungen fest in die Arme.

Pias ganz besonderes Geschenk

„Pia!" Die kleine Pia zuckte zusammen, als ihr Bruder Jannis schimpfte. „Mannomann, Pia, das gibt Ärger!", fürchtete Jannis. „Und das so kurz vor Weihnachten – ich hoffe, das sieht kein Engel im Himmel, sonst kriegst du bestimmt keine Geschenke." Pias Augen wurden groß – dann fing sie an zu schluchzen.

Mama kam ins Wohnzimmer. „Pia!", rief sie erschrocken. „Du kannst doch nicht die Wand anmalen!" Mama stöhnte. „Und so ein riesiges Bild! Das müssen wir ja komplett übermalen." Plötzlich war Pia still. Dann fragte sie: „Übermalen? Nein!" Wieder kreischte sie los. Mama seufzte, kniete sich zu Pia und tröstete sie. „Erklär es mir." Pia schniefte. „Es ist ein Bild für ... für das Christkind. Aber Jannis sagt, ich bekomme jetzt kein Geschenk ... das Christkind mag wohl keine Bilder?" Verwirrt schaute Pia Mama an. Da musste Mama lächeln. „Doch, es mag bestimmt Bilder. Aber ich mag eine weiße Wand. Pass auf. Wir lassen es bis Weihnachten dran, aber danach malen wir es wieder weiß. Okay?" Pia nickte glücklich. „Und du malst nicht noch einmal an die Wand, versprochen?", fragte Mama. Pia nickte wieder.

„Was hast du da eigentlich gemalt?", fragte Jannis neugierig. „Das Christkind, das mit einem Glöckchen läutet", sagte Pia stolz. „Hübsch", meinte Jannis. „Ich glaube, dafür gibt's sogar ein Extrageschenk!" Da strahlte Pia wieder. Sie überlegte kurz, ob sie für Jannis auch etwas an seine Zimmerwand malen sollte, damit er auch ein Extrageschenk bekam ... Aber leider hatte sie Mama ja versprochen, keine Wände mehr anzumalen.

Hoffmann von Fallersleben
Nussknacker

Leon war der kleinste von vier Brüdern. Er lebte mit ihnen und seinen Eltern in einem alten Haus. Seine Brüder ärgerten ihn oft, was gemein war. Denn natürlich hat ein kleiner Junge noch Angst vor Dingen, die große Kinder nicht gruselig finden. Doch einmal in jedem Jahr konnte Leon seinen Brüdern zeigen, wie mutig er war: Am Heiligen Abend stand plötzlich der Nussknacker unterm Tannenbaum. Der Weihnachtsmann stellte ihn immer neben ein Geschenk für Leon. Sicher wusste er, wie wichtig es für kleine Jungen ist, einmal im Jahr der Mutigste zu sein. Denn seine Brüder mochten den grimmigen Nussknacker nicht und rührten ihn nicht an. Aber Leon wagte es. Hör nur:

Nussknacker, du machst ein grimmig Gesicht –
ich aber, ich fürchte vor dir mich nicht;
ich weiß, du meinst es gut mit mir.
Drum bring ich meine Nüsse dir.

Ich weiß, du bist ein Meister im Knacken:
Du kannst mit deinen dicken Backen
gar hübsch die harten Nüsse packen
und weißt sie vortrefflich aufzuknacken.

Nussknacker, drum bitt ich, bitt ich dich,
hast bessere Zähn als ich, Zähn als ich.
O knacke nur, knacke nur immerzu!
Ich will dir zu Ehren die Kerne verzehren.
O knacke nur, knack knack knack!, immerzu!
Ei, welch ein braver Kerl bist du.

Nach den Weihnachtstagen war der Nussknacker jedes Jahr wie von Zauberhand verschwunden. Ob die Engel ihn abgeholt haben? Oder der Weihnachtsmann?

Schwung in die Bude!

Es war ein trüber Tag im Weihnachtsdorf. Die Wichtel schlichen lustlos herum, auch ihr helles Lachen war nirgends zu hören. Ja, sogar der Himmel hing voller dunkler Wolken. Wie das kam? Gestern hatte jemand das große Tor zur Werkstatt aufgelassen. In der Nacht war Schnee hereingeweht – und zwar jede Menge. Nun musste alles abgewischt, gefegt und poliert werden. Einige Maschinen mussten auch repariert werden, bis alle weiterarbeiten konnten. Die Wichtel seufzten.

Der Weihnachtsmann schüttelte belustigt den Kopf. Es konnte doch wohl nicht sein, dass seine fröhlichen Wichtel deshalb traurig waren? Rasch holte er die großen Musikboxen aus der Scheune. Dann legte er fetzige Rockmusik ein und stellte sich vor die Halle. Verwundert schaute ihm ein Rentier zu. Der Weihnachtsmann lachte. „Pass auf, gleich geht's los!" Als die ersten Takte erklangen, schwang der Weihnachtsmann seinen roten Po hin und her. Er wackelte mit dem Bauch und schlackerte mit den Armen, zuckte mit dem Kopf und ließ den Bart beim Drehen flattern. Nach und nach kamen die Wichtel neugierig aus der Werkstatt. Erst lächelten sie, dann klatschten sie – und schon bald tanzten sie mit. Beim nächsten Lied tänzelten sie in die Werkstatt und wirbelten mit Besen und Tüchern herum. Sie polierten hier ein Geschenk und schraubten dort an einer Maschine – bis alles trocken und sauber war. Die Musik ließ der Weihnachtsmann den ganzen Tag laufen. Und sein samtroter Popo schwang noch abends beim Einschlafen sanft hin und her.

Hundert falsche Nikoläuse

Der Nikolaus traute seinen Augen nicht, als er sah, was das Engelchen ihm da brachte. „Einen Schokoosterhasen?", fragte er verwirrt. „Nicht einer", sagte das Engelchen verzweifelt. „Hundert!" Der Nikolaus sah das Engelchen streng an. „Hundert? Wo hast du die denn her?" Das Engelchen schaute schuldbewusst drein. „Wir haben das falsche Papier aus der Druckerei bekommen. Und es erst ganz spät gemerkt ..." Dann schlich es sich eilig davon. Der Nikolaus schnupperte an dem Schokohasen. Das roch gut! Er probierte ein wenig. „Mmh, lecker", seufzte er. „Aber die Hasen kann ich den Kindern doch nicht zum Nikolaustag bringen! Was machen wir nur damit?" Als das Engelchen schließlich den Korb mit den Osterhasen brachte, setzten sie den Korb auf einen Schlitten und zogen ihn bis zur Bäckerei. Dort stand ein großer Tannenbaum, den noch niemand geschmückt hatte. Den ganzen Nachmittag banden der Nikolaus und der kleine Engel rote Bänder an die Schokohasen und hängten sie in den Baum. Das sah hübsch aus! Zur Abendbrotzeit riefen sie in die Backstube: „Überraschung"! Die Bäckerengel strömten aus dem Haus. „Ui!" und „Oh!", riefen sie. Bald hatte sich jeder einen Schokohasen gegriffen und alle klatschten dankbar. „Was für ein Glück für euch, dass es da eine Verwechslung gab", rief der Nikolaus. Dann hob er mahnend den Zeigefinger: Aber erst nach dem Abendbrot essen!" Die Engel nickten brav, aber so mancher konnte es kaum aushalten – genau wie der Nikolaus auch. Schokolade ist doch zu lecker!

Eine feine Sache

Lilith und Bene saßen geheimnistuerisch vor den vielen leeren Klopapierrollen. „Wir legen etwas hinein und wickeln sie ein", erklärte Lilith. „Dann schreibe ich die Zahlen drauf. Wir brauchen vierundzwanzig Stück." Bene nickte. Sie bastelten einen Adventskalender für Mama und Papa. „Was tun wir hinein?", fragte Bene neugierig und nahm sich eins von den Plätzchen. Lilith erschrak. „Ach herrje, ich habe nur die Rollen gesammelt. Ich habe ganz vergessen, dass auch was hineinmuss!" Traurig schaute sie Bene an. „Sollen wir Spielzeug hineintun?" Bene sah sie erschrocken an. „Meine Rittermännchen? Niemals!" Er überlegte. „Wir tun nichts rein", sagte er dann schlau. „Wenn sie eins öffnen, sagen wir schnell eine Überraschung. So wie ‚Papa Kaffee bringen' oder so." Lilith sah ihn überrascht an. „Natürlich, wir machen Gutscheine! Du bist toll, Bene!" Rasch holte sie kleine Notizzettel. Auf jeden schrieb sie etwas Schönes, zum Beispiel „Für Mama Blumen gießen" oder „Für Papa Post öffnen". Bene malte schöne Dinge dazu: einen Stern, einen Engel oder ein Glöckchen. Dann wickelten sie alle Klopapierrollen in Geschenkpapier. Bald hatten sie vierundzwanzig runde Päckchen. „Fertig!", jubelte Lilith. Sie holte den dicken Ast, den sie neulich im Wald gefunden hatten, und hängte alle Päckchen daran. Dann hielt jeder eine Seite des Astes fest und sie liefen zu Mama und Papa. Die staunten aber! Und sie freuten sich sehr. Jeden Tag wieder. So ein Adventskalender ist doch eine feine Sache!

Rudolf, das vernaschte Rentier

Kurz vor Weihnachten besuchte der Weihnachtsmann die Engelchen in der großen Bäckerei im Himmel. Er stellte sein Rentier Rudolf draußen ab und ging in die Backstube. „Hmm, Marzipankugeln mit Schokolade und geringelte Plätzchen – köstlich!" Ab und zu probierte er. „Ihr seid wirklich fantastische Bäcker", lobte er die Engelchen. Dann entdeckte er ein Tablett mit goldenen Schokoladenglocken. „Die sehen aber schön aus", sagte er und nahm eine in die Hand. Da ertönte ein Klingeln. Der Weihnachtsmann staunte. „Die klingeln ja sogar!" Er schüttelte das Glöckchen noch einmal. Wieder läutete es. Die Engel sahen sich verwirrt an. Der Weihnachtsmann stellte das Glöckchen zurück – da klingelte es erneut. „Nanu? Woher kam das jetzt?", fragte der Weihnachtsmann. Da hörte er ein wohliges Schnaufen. Der Weihnachtsmann beugte sich über den Tresen. „Rudolf!", schimpfte er. Hinter dem Tresen lag das vernaschte Rentier. Sein Maul war voller Schokolade. „Du hast schon wieder zu viel Süßes gefuttert", tadelte der Weihnachtsmann. Das Rentier drehte sich seufzend zur Seite – wobei die vielen silbernen Glöckchen, die an seinem Zaumzeug befestigt waren, hell klingelten. Der Weihnachtsmann lachte. „Ich bringe Rudolf besser heim. Aber ihr, liebe Engel, müsst unbedingt Schokoglöckchen erfinden, die klingeln!" Sogleich machten die kleinen Bäcker sich an die Arbeit. Der Weihnachtsmann aber brachte sein Rentier nach Hause, wo es sich erst mal in Ruhe ausschlafen musste.

Text und Melodie: Eduard Ebel

Leise rieselt der Schnee

Zu Weihnachten fliegt das Christkind zu dir. Durch Eis und Schnee, durch Wald und Stadt. Aber es bringt nicht nur ein Geschenk mit, es bringt auch Freude und Hoffnung. Es wünscht sich, dass alle Menschen in Frieden miteinander leben können. Das wünscht sich auch dieser kleine Engel. Hör ihm zu, wie er leise singt:

Lei - se rie - selt der Schnee, _ still und starr liegt der See; _

weih - nacht - lich glän - zet der Wald, _ freu - e dich, Christ - kind kommt bald! _

53

„Ich wünsche mir …" Lena sah Mama nachdenklich an. „Schreib, dass ich mir eine Puppe wünsche. Und einen Schlitten. Und neue Malstifte. Und …" Mama lachte. „Das sind ja eine Menge Wünsche!" Sie schrieb alles auf. „Zu viele?", fragte Lena erschrocken. Mama sah sie lächelnd an. „Wünschen darf man sich alles. Ob man es bekommt, ist nicht sicher. Als ich vier Jahre alt war, habe ich mir zu Weihnachten gewünscht, dass ein Engel kommt und meine abgeschnittenen Haare wieder lang macht. Das hat leider nicht geklappt." Lena kicherte. „Aber dein Bruder hat sich vor ein paar Jahren gewünscht, dass er nachts keine Windeln mehr braucht. Und was glaubst du, ist passiert?" Lena schaute sie gespannt an. „Eine Woche später war es so weit. Seitdem hatte er nie mehr eine Windel in der Nacht." Lena lachte. „Das ist toll! Und ich weiß jetzt, was ich mir am meisten wünsche!" Sie nahm ein neues Blatt und malte ein Bild von einem Wald. Mit Bäumen, Vögeln, Eichhörnchen, sogar einem Rentier. Mittendrin stand ein kleines Haus. „Was ist das?", fragte Mama. „Ich wünsche mir am meisten, dass wir Oma in Schweden besuchen", erklärte Lena. Da schmunzelte Mama. „Gute Idee", sagte sie. „Mal sehen, ob der Wunsch in Erfüllung geht."
Und ob ihr's glaubt oder nicht – schon einen Tag nach Weihnachten fuhr Lena mit Mama, Papa und ihrem Bruder zur Schweden-Oma. Da hat Lena sich gefreut!

Sophia malt ein Rentierbild

Am Freitag vor dem ersten Advent wurde im Kindergarten gemalt. Sophia pinselte gern. „Wir malen alle das gleiche Bild und hängen die Blätter in den Flur", sagte Erzieherin Heike. „Also, malt einen Wald mit Rentieren, die Futter suchen. Los geht's!" Sophia ärgerte sich. Sie wollte nicht das Gleiche malen wie alle anderen – das war doch blöd. Heike wollte das immer so. Aber Sophia hatte eine tolle Idee. Sie nahm sich ein großes Blatt und einen Pinsel. Dann malte sie einen riesigen Stern. Der ging übers ganze Blatt und strahlte richtig toll. Sophia holte sich noch ein bisschen Goldglitzer aus dem Bastelschrank und streute ihn auf den Stern. Hui, wie der jetzt glänzte! Sie brachte ihr Bild zu Heike. „Bitte aufhängen, ich bin fertig", sagte sie. Heike sah sie verwundert an: „Aber das ist kein Rentier im Wald." Sophia schaute erstaunt auf das Bild. „Doch, natürlich." Sie zeigte mitten auf den Stern und erklärte: „Hier stehen zwei Rentiere und da drüben noch eins. Sie fressen gerade Moos. Und drum herum sind überall Bäume." Heike blickte auf den Stern. „Aber das sieht man gar nicht." Sophia lächelte. „Natürlich nicht. Der helle Weihnachtsstern überstrahlt alles. Der blendet richtig, da kann man die Rentiere nicht mehr sehen." Jetzt musste Heike lachen. „Sophia, ich glaube, du wolltest etwas anderes malen, als ich gesagt habe, oder?" Sophia nickte. „Das hast du schön gemacht", fand Heike. „Wir hängen es natürlich auf. Und später kannst du es als Geschenk für deine Eltern mitnehmen."

So viel zu tun!

Als Fine nach Hause kam, sah sie sich erschrocken um. Du lieber Himmel! Sie war den ganzen Tag bei Tante Maraike gewesen, weil Mama und Papa lange arbeiten mussten. Morgen war Heiligabend. Und alles war durcheinander! Der Baum stand noch draußen vor der Garage. Spielzeug, Zeitungen, Teller und Gläser, überall lagen Sachen. Fine begann aufzuräumen. Aber da rief Mama: „Fine, Zeit fürs Bett!" Fine bettelte: „Aber Mama. Du willst doch morgen mit mir das Weihnachtsessen kochen. Und Papa wollte mit mir den Tannenbaum schmücken. Und hier ist alles ganz schrecklich!" Sie schluchzte. „Aber mein Schatz", sagte Mama liebevoll. „Morgen haben wir noch einen ganzen Tag Zeit." Fine seufzte. Fürs Kochen und Schmücken blieb bestimmt keine Zeit! Sie nahm ihr kuscheliges Rentier in den Arm, aber sie schlief nicht gut.

Als Fine am nächsten Morgen erwachte, erschrak sie: Es war schon hell draußen! Wie der Blitz rannte sie die Treppe hinunter – und blieb erstaunt stehen. Wie sauber alles war! Nirgends mehr Unordnung, alles war wie von Zauberhand verschwunden! An der Küchentür hing ein Stern, es duftete nach Plätzchen und Kakao. Fine ging in die Küche und umarmte erst Mama und dann Papa. „Ihr seid die Besten!", flüsterte sie. „Für Heiligabend alles schön machen und dann Zeit für die Kinder haben, das ist die Aufgabe der Eltern", meinte Mama lächelnd. Und Papa sagte: „Jetzt iss schnell, dann wollen wir endlich den Baum schmücken!" Fine strahlte. Und es wurde wirklich ein sehr schöner Heiligabend-Tag!

Tanz im Mondschein

Mitten im Wald gibt es einen besonderen Ort: eine Lichtung zwischen den Bäumen. Jedes Jahr in der letzten Vollmondnacht vor Weihnachten feiern die Engel dort ihr Jahresfest. Kurz vor Mitternacht schweben sie vom Himmel hinab – kaum sichtbar für das menschliche Auge. Viele, viele Engel landen auf dem weichen Moos. Es dauert nicht lang, und alle Amseln der Gegend fliegen herbei. Sie lassen sich auf den Bäumen nieder, die um die Lichtung herumstehen, und beginnen ganz zart zu singen. Die Engel lächeln und wiegen sich im Mondlicht. Später singen die Amseln lauter und die Englein beginnen zu tanzen. Sie drehen sich im Kreis, tanzen auf und ab und ihre Kleidchen schwingen im Takt. Ihre bloßen Füße machen keinen Laut auf dem weichen Moos. Nur ihr Lachen ist zu hören wie der Klang vieler heller Glöckchen. Es lockt all die Waldtiere herbei, große und kleine. Sie lassen sich am Rand der Lichtung nieder und schauen den Englein zu. Weil es wunderschön ist, wie sie tanzen – und weil die Engel viele Plätzchen in ihren Kleidertaschen haben, die sie als Dank an die Amseln verteilen – und auch an die anderen Tiere.

Wenn der Mond langsam hinabwandert und bald zur Ruhe gehen will, schweben die Engel wieder zum Himmel hinauf. Genauso rasch, wie sie gekommen sind. Solltest du also in der Nacht vor Weihnachten ein Glöckchen läuten hören, ist es vielleicht ein kleiner Engel, der lachend von seinem Mondtanz zurück in den Himmel fliegt.

Krawumm!

Es war der Tag nach Weihnachten. Der Weihnachtsmann war von seiner Reise zurück und schlief tief und fest. Die Wichtel aber waren schon wieder auf und bereiteten ihr verspätetes Weihnachtsfest vor. Sie hatten gekocht und geschmückt, Stühle auf den großen Festplatz geräumt, die Bühne für ihr kleines Theaterstück vorbereitet, alles war fertig. Der Hausmeisterwichtel schloss den roten Vorhang, dann liefen alle Wichtel zum Haus des Weihnachtsmanns, um ihn für das Fest zu wecken. Aber bevor sie an seine Tür klopfen konnten, hörten sie ein Geräusch von oben. Alle sahen zum Himmel hinauf. Da kam etwas blitzschnell von oben durch den dichten Schnee geschossen und stürzte – krawumm! – mitten in die schöne Theaterbühne. Die Wichtel liefen herbei. War es ein Komet gewesen? Eine Rakete? Eine Sternschnuppe? Ein Engel?

„Rudi!", brüllte der Hausmeisterwichtel sauer. Das kleine Rentier schüttelte sich den Schnee vom Fell. „Ich bin so müde", murmelte Rudi. Er hatte nach der langen Reise nicht ausschlafen können, weil er so großen Hunger bekommen hatte. Nach dem Essen wollte er in den Stall fliegen, aber leider waren ihm dabei die Augen zugefallen. So war er erst in den Himmel geflogen und dann abgestürzt. „Geht es dir gut?", fragte der Hausmeisterwichtel nun besorgt. Als Rudi nickte, brachte er ihn rasch in seinen Stall. Die anderen Wichtel überlegten und schoben dann kurzerhand den Schlitten des Weihnachtsmanns unter die beschädigte Bühne. Der stützte jetzt die Stelle, an der ein Pfeiler zerbrochen war. „Prima", fanden alle. Dann gingen sie endlich den Weihnachtsmann wecken. Das Fest konnte beginnen …

Das seltsame Türchen

Als Jan aufwachte, reckte er sofort die Hand zum Adventskalender. Das machte er jeden Morgen. Wenn er nicht schnell genug war, kam Emilia herein und brüllte, welches Geschenk sie heute in ihrem Kalender gefunden hatte. Das war nämlich das gleiche wie bei Jan – und er wollte es selbst herausfinden! Den Stern und den Tannenbaum hatte sie schon verraten. Aber diesmal war Jan schneller. Er pulte die Schokolade aus dem Türchen und schaute sie an. Nanu? Was sollte das denn sein? Er konnte es nicht erkennen. Er stand auf und betrachtete das Bild, das zu sehen war, als er die Schokolade herausgenommen hatte. Oben grün und unten braune Striche. Ein Monster? Ein Wald? Ein Krokodil? Das war so gar nicht weihnachtlich! Da kam Emilia angesaust. „Was hast du?", fragte sie brav. Aha, dachte Jan, Emilia weiß auch nicht, was das sein soll! „Du kannst es wohl nicht erkennen, was?", ärgerte Jan sie. Doch Emilia lächelte. „Doch. Das sind zwei Engel, die sich hinter einem Busch verstecken, damit sie keiner sieht. Ist doch klar!" Dann stapfte sie aus dem Zimmer. Jan sah das Bild noch einmal an. Ja wirklich, unten an den braunen Strichen waren kleine Füße! Und schaute unter dem grünen Busch nicht ein Stück vom weißen Kleid hervor? Jan staunte. Und weil er seine Schwester plötzlich gar nicht mehr so blöd fand, lief er zu ihr und schenkte ihr seine Schokolade. Manchmal muss ein Bruder auch großzügig sein.

Das schönste Weihnachten
für den kleinen Theodor

Es war tief in der Nacht. Der Weihnachtsmann hatte gerade die letzte Stadt besucht
und alle Geschenke verteilt. Er legte den leeren
Sack auf seinen Schlitten, stieg auf und schnalzte mit der Zunge.

Die Rentiere trabten los. Der Weihnachtsmann lenkte den Schlitten in den Wald,
um noch einmal die schneebedeckten Tannen anzuschauen, bevor er nach Hause
flog. Lautlos glitt der Schlitten durch den Schnee. Am Rand des Waldes entdeckte
der Weihnachtsmann ein Licht. Nanu, was war denn hier noch für ein Häuschen?
Da fiel es ihm ein: Hier wohnte der kleine Theodor! Im letzten Jahr hatte er sich
eine Autorennbahn gewünscht und auch bekommen. Aber dieses Jahr? Der Weihnachtsmann kratzte sich nachdenklich am Kopf. Nein, da war kein Wunschzettel vom
kleinen Theodor gewesen! Der Weihnachtsmann hielt an, schlich auf Zehenspitzen
zum Haus und schaute durch das Fenster. Da lag der kleine Theodor mit dem Kopf
auf dem Schoß seiner Mama und schlief. Der Weihnachtsmann drückte das Fenster
einen Spalt breit auf. „Hallo!", flüsterte er. „Frohe Weihnachten!" Die Mutter sah auf.
Eine Träne rollte über ihre Wange. „Warum sind Sie traurig?", fragte der Weihnachtsmann. „Und warum habe ich keinen Wunschzettel von Theodor?" Die Mutter schaute zu Boden. „Ich habe dieses Jahr gar kein Geld für Weihnachten", murmelte sie
bekümmert. „Ich konnte keinen Tannenbaum kaufen und kein gutes Essen. Deshalb
muss Weihnachten ausfallen ..."

Der Weihnachtsmann runzelte die Stirn. Weihnachten ausfallen lassen? Das ging doch nicht!
„Warten Sie einen Moment!", flüsterte er.

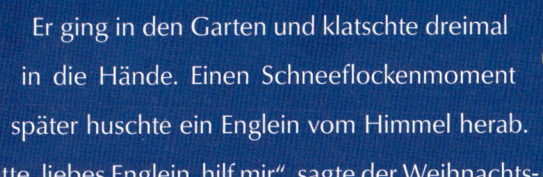

Er ging in den Garten und klatschte dreimal in die Hände. Einen Schneeflockenmoment später huschte ein Englein vom Himmel herab. „Bitte, liebes Englein, hilf mir", sagte der Weihnachtsmann. „Wir haben einen Notfall. Ich brauche Plätzchen, eine Säge, Baumschmuck und Geschenke." Das Engelchen flatterte begeistert davon. Notfälle waren aufregend!

Der Weihnachtsmann suchte einen schönen Tannenbaum und schüttelte den Schnee von seinen Zweigen. „Sehr schön", murmelte er. Schon kam ein Engelchen mit einer Säge herbeigeflogen. Der Weihnachtsmann sägte den Baum ab. Sogleich schwebten sieben Englein um den Baum herum und schmückten den Baum mit Kugeln und Sternen und Kerzen. „Vielen Dank", sagte der Weihnachtsmann. Da purzelten plötzlich lauter Plätzchen vom Himmel – ein Bäckerengel hatte die Schüssel umgekippt! Die Engelchen kicherten und fingen alles in ihren Kleidchen auf. Bald türmten sich darin Schokolade, Mandarinen, Marzipankugeln, Nüsse, Rosinen und Kekse. Wie das duftete! Dann kam das letzte Englein und brachte Geschenke für den kleinen Theodor. „Aus dem großen Notfallschrank", wisperte es verschmitzt.

Natürlich halfen die Engel dem Weihnachtsmann, alles in die kleine Stube zu tragen. Und als der kleine Theodor aufwachte, was glaubt ihr, wie er da gestrahlt hat – und seine Mama auch! Die Geschenke, die Plätzchen und lauter Engel, die um den schönen Weihnachtsbaum herumflogen ... „Das ist das schönste Weihnachten, das es gibt", jubelte Theodor. Und der Weihnachtsmann nickte sehr zufrieden.

Omas Glücksschuhe

Maik und Silvi zappelten. Den ganzen Tag schon. Endlich klingelte es. „Oma!", schrien beide und rannten zur Haustür. Da war sie. Die liebste und beste Oma der Welt. Jedes Jahr am Heiligen Abend kam sie ganz früh. Und sie hatte den ganzen Tag Zeit für Maik und Silvi. „Oma!", bettelte Silvi. „Erzähl uns vom Weihnachtsmann. Und von den Engeln im Wald." Oma lachte. „Ich muss erst mal meine Stiefel ausziehen", sagte sie. „Habe ich euch eigentlich schon mal von damals erzählt, als ich meine Stiefel an Weihnachten nicht ausgezogen habe?" Sie setzten sich vor den Tannenbaum. „Mein Vater wollte meine allerliebsten Schnürstiefel wegwerfen", erzählte Oma. „Sie waren glänzend schwarz und das Leder reichte bis zu den Knöcheln. Aber ich war schrecklich traurig und weigerte mich die ganzen Weihnachtstage, sie auszuziehen. Nicht mal meinen neuen Schlitten hatte ich ausprobiert, denn dann hätte ich ja hinterher die nassen Stiefel ausziehen müssen. Schließlich durfte ich die Stiefel behalten. Und von diesem Tag an haben sie mir Glück gebracht! Als wollten sie sich bedanken, dass sie nicht im Müll gelandet sind." Maik seufzte. „Ich hätte sie gern gesehen", meinte er. Oma lächelte und schob ihren Pullover am Arm hoch. Maik und Silvi staunten. Oma hatte breite Lederarmbänder mit Schnürsenkeln um! „Ich habe Armbänder daraus machen lassen", schmunzelte sie. „Heute möchte ich sie an euch weiterschenken." Sie gab jedem ein Armband. „Sie sollen euch Glück bringen."

Von da an trugen Maik und Silvi jeden Tag ihre neuen Armbänder. Ob sie ihnen auch Glück brachten? Natürlich. Sie waren ja von der liebsten Oma der Welt!

Das Wunschzettel-Büro

Der Weihnachtsmann strahlte. Endlich ging es los! Seit einigen Tagen schon trafen die ersten Wunschzettel ein. Die Engel ließen sie kurz hinterm Wald einfach fallen, und wie von Zauberhand fielen diese Briefe durch das Fenster auf den großen Tisch im Büro. Der Weihnachtsmann war furchtbar neugierig, was die Kinder sich in diesem Jahr am meisten wünschten. „Oho", lachte er. „Es scheint, als ob dieses Jahr wieder Rollschuhe modern sind." Er lief zur großen Wand im Büro und schrieb auf die größte Wunschrolle ganz oben „Rollschuhe". Darunter schrieb er: Jonas. Später kamen noch Lina und Amelie und Sören und viele andere Namen hinzu. Die zweite Wunschrolle wurde in diesem Jahr mit „Sternenkrieger-Bausteine" beschriftet und die dritte mit „Rosa Puppe". Dahinter standen bald schon Hunderte von Namen. Immer mehr große Rollen hingen an der Wand. Am Abend schaute der Weihnachtsmann stolz darüber. „Das wird wieder ein sehr schönes Weihnachtsfest", fand er. „Ein Geschenk ist spannender als das andere. Ach, ich freu mich schon!" Dann ging er hinaus, um den Tannenbaum in seinem Garten mit Lichtern zu schmücken.

In den folgenden Wochen kam er nur ab und zu vorbei, um die Rollen anzuschauen. Denn er hatte ja noch so viel mehr zu tun! Die Wunschzettelwichtel aber arbeiteten emsig, sortierten und notierten, katalogisierten und kopierten – damit kein einziger Wunsch verloren ging.

Mias Schatzschachtel

Mia seufzte. Sie hatte gar keine Lust auf die Krippenaufführung. Die Theaterstücke im Haus der Künste fand sie toll, aber vorher redete der Direktor immer so lange. Wie gut, dass sie ihre kleine Schatzschachtel mitgenommen hatte. Mia klappte sie auf und betrachtete ihre Schätze: einen winzigen Engel, einige Zimtplätzchen für den Hunger-Notfall und ein kleines silbernes Glöckchen. Mia lächelte und klappte die Schachtel wieder zu. Sie liebte Schätze!

Auf der Bühne redete und redete der Direktor. „Bla-bla-bla", dachte Mia. Plötzlich hörte sie ein feines Läuten. Erstaunt sah sie auf ihre Hand. Es kam aus ihrer Schatzschachtel! Vorsichtig klappte sie den Deckel auf. In der Schachtel stand das Engelchen und winkte ihr zu! Kaum hörbar rief es: „Ich habe Hunger. Darf ich von deinen Plätzchen naschen?" Mia nickte. Der Engel knabberte sofort los. Danach rief er: „Danke! Jetzt tu ich dir auch einen Gefallen!" Er streckte seine Flügel und sauste blitzgeschwind auf die Bühne. Direkt über dem Schulleiter ließ er ein bisschen Glitzerstaub fallen. Der Direktor räusperte sich. „Äh, was wollte ich sagen? Tja, ich weiß nicht ... Dann fangen wir jetzt einfach mit dem Theaterstück an." Alle klatschten.

Der Engel kam schnurstracks zu Mia zurück. „Viel Spaß", rief er, kuschelte sich in die Schachtel und schlief ein. Ganz sanft schloss Mia den Deckel. Klatschen konnte sie an diesem Tag leider nicht, denn sie wollte die Schachtel nicht fallen lassen. Aber dennoch war es für Mia der schönste Abend der Welt!

Ein Geschenk vom Christkind

Maria schaute sehnsüchtig in den sternenklaren Himmel. Wann das Christkind wohl kam? Auf Marias Wunschzettel stand nicht viel: nur ein kleiner Hund zum Liebhaben. Maria seufzte. Mama wollte keinen Hund. Am Tag arbeitete sie und abends wollte sie mit Maria zusammen sein und nicht den Hund ausführen. Maria seufzte wieder. Da winselte es plötzlich. Nanu? Ein klitzekleiner, sehr niedlicher Hund tapste an ihrem Gartenzaun durch den Schnee! Wie der Blitz war Maria draußen und nahm den Welpen auf den Arm. War das etwa ihr Weihnachtsgeschenk?

Da humpelte ihre Nachbarin Frau Welke herbei. „Ach, Mariechen, danke, dass du ihn aufgehalten hast!", schnaufte sie. Maria machte ein trauriges Gesicht. „Oh, dann ist es wohl dein Hund, Frau Welke?" Die Nachbarin nickte. „Meine Tochter hat ihn mir gestern geschenkt. Damit ich nicht so allein bin. Aber sie hat wohl nicht gut nachgedacht. Wie soll ich mich um einen Hund kümmern? Gassi gehen kann ich doch gar nicht mit meinem schlimmen Bein ..." Sie stützte sich ächzend auf ihren Gehstock. Maria strahlte. „Aber das kann ich doch machen!", rief sie. Frau Welke sah sie verblüfft an. „Ja, natürlich! Dass ich da nicht drauf gekommen bin – du möchtest doch so gern einen Hund!" Sie lachte. „Dann ist es ein Geschenk für mich und für dich!"

Maria kicherte. „Eins, das Mama gar keine Mühe macht."

Sie schaute in den Himmel hinauf. Ein heller Stern strahlte, als blinzle er ihr zu. Maria flüsterte glücklich: „Danke, liebes Christkind!"

Der verlorene Stiefel

Es war eine stürmische Nacht, als der Weihnachtsmann durch den tiefen Schnee zu einem Haus am Waldrand stiefelte. Dicht an dicht fielen die Schneeflocken vom Himmel. Da wurde plötzlich sein linker Fuß kalt. „Was ist das?", brummte der Weihnachtsmann erstaunt. Er sah auf seinen Fuß – da hing nur noch eine nasse Socke dran! Er hatte seinen Stiefel verloren! Der Weihnachtsmann drehte sich um. Doch hinter ihm war schon alles wieder zugeschneit. Seufzend tapste er mit seinem Sockenfuß zum Haus und klingelte. „Hallo, lieber Weihnachtsmann", jubelte Simon. „Hallo, Simon", grüßte der Weihnachtsmann zurück. „Wo ist denn dein zweiter Stiefel?", fragte Simon erstaunt. Der Weihnachtsmann lachte. „Das hast du gleich entdeckt? Ich habe ihn im Schnee verloren!" Zum Glück hatte Simon eine Idee. Schnell holte er seinen kleinen Hund Bella. „Such", rief Simon. Bella bellte, sprang fröhlich in den Schnee und verschwand im weißen Dickicht. „Jetzt haben wir auch noch deinen Hund verloren", glaubte der Weihnachtsmann. Doch da wackelte die Schneedecke und Bella schoss hervor – mit dem Stiefel im Maul. „Gut gemacht", lobte Simon. Das fand der Weihnachtsmann auch. Und nachdem er Simon beschenkt hatte, gab er Bella ein paar Plätzchen und kraulte den Hund ausgiebig hinter den Ohren – bis seine Socke vorm Ofen getrocknet war.

Bertolt, der kleinste Bäckerengel

Hoch oben im Himmel schimpfte der kleine Engel Bertolt. Er war einfach zu klein! Wenn er das Backblech aus dem Ofen holte, verbrannte er sich jedes Mal an der heißen Ofentür. Wenn er das Mehl aus dem oberen Regal holen wollte, musste er mit dem Backschieber danach angeln – und warf mit dem Mehl noch die Zuckerperlen und die Schokostreusel hinunter. Ja, Bertolt sah oft aus wie ein Mehl-Schokoladen-Monster mit jeder Menge Pflaster. Diesmal hatte er gerade die gerollten Marzipankartoffeln auf den hohen Backtisch stellen wollen, um Schokopulver darüberzustreuen. Da kippte das Blech zur Seite und alle Marzipankartoffeln rollten über ihn hinweg. Sie purzelten in seinen Kragen und in seine Ärmel und einige blieben sogar in seinen Haaren kleben. Bertolt schimpfte. Da schmatzte es plötzlich hinter ihm. Dann ziepte es in seinen Haaren. Verwirrt drehte Bertolt sich um und schaute in das malmende Maul von Rudolf. Das Rentier schleckte ihm die Marzipankugeln aus dem Haar. Bertolt musste lachen. „Ach, Rudolf, wenn du mir doch helfen könntest!", seufzte Bertolt. Da grunzte Rudolf fröhlich. Und so kam es, dass Bertolt und Rudolf ein Geschäft machten: Rudolf legte sich flach auf den Boden, sodass Bertolt auf seinem Rücken stehen konnte und gleich ein ganzes Stück größer war. Dafür steckte Bertolt dem Rentier ab und zu Plätzchen ins hungrige Maul. Ja, Rudolf hilft eben immer gern!

An Weihnachten sollen alle fröhlich sein!

Im dritten Haus links im kleinen Buchendorf ordnete der Weihnachtsmann gerade die Geschenke unter dem Christbaum an, da klingelte in der Ecke ein Glöckchen. Der Weihnachtsmann sah überrascht auf. Eine kleine schwarz-weiß getigerte Katze tapste heran und schlich um seine großen Stiefel. Der Weihnachtsmann kraulte ihr das weiche Fell. „Was sagst du da?", fragte er erstaunt. Denn natürlich versteht er die Sprache der Tiere. „Du möchtest kein Glöckchen mehr am Hals tragen? Aber, liebe Katze, das machen die Menschen, damit du keine kleinen Vögel jagst. Das Klingeln warnt die Vögel, wenn du heranspringst." Die Katze miaute kläglich. „Hm, ja, wenn du es versprichst", murmelte der Weihnachtsmann.

Dann schrieb er rasch einen Brief: „Lieber Jan, liebe Eltern. Eure Katze möchte von heute an ohne Halsband und Glöckchen herumstreunen. Sie wird auch keine Vögel mehr jagen. Euer Weihnachtsmann."

Dann nahm er dem Kätzchen das Halsband ab. „Du bekommst hier doch genug zu fressen?", fragte er noch. Die Katze nickte schnurrend und bedankte sich. Der Weihnachtsmann lächelte. „Es sollen alle fröhlich sein an Weihnachten", meinte er leise. Dann nahm er seinen Sack, huschte durchs Fenster zu seinem Schlitten und flog davon zum nächsten Haus.

68

Marina und die fremde Frau

Marina war furchtbar traurig. Vor zwei Tagen war ihre beste Freundin weggezogen. Um sie aufzuheitern, hatten Marinas Eltern sie zu einem Weihnachtsfest im Wald mitgenommen. Bald tranken die Erwachsenen fröhlich Glühwein miteinander. Leider war Marina das einzige Kind. Sie seufzte und ging um die alte Glühwein-Hütte herum. Nanu? Dahinter stand ein Zelt, das hatte Marina vorher gar nicht bemerkt. Vorsichtig schob sie den Vorhang am Eingang beiseite. Ein Glöckchen läutete. Marina hielt den Atem an. Hier drin war es zauberhaft! Kerzenlicht erhellte das Zelt, überall hingen glitzernde Kugeln, kleine Engel aus Gold und spiegelnde Kristalle. Eine Frau in einem wunderschönen roten Kleid sah sie freundlich an.

„Wer bist du?", fragte Marina staunend. Die Frau lächelte. „Ich bin hier, um dir ein Geschenk zu geben", sagte sie. Marina riss die Augen auf „Mir?" Die Frau nickte. „Du bist so traurig. Zum Trost gebe ich dir diesen weißen Stein." Sie legte Marina einen glatten Stein in die Hand. „Er soll dich daran erinnern, dass du schon bald wieder glücklich sein wirst. Frohe Weihnachten!" Sie schob Marina sanft zum Vorhang hinaus. Marina lächelte und lief vor die Hütte. Sie fühlte sich ganz verzaubert. „Marina, da bist du ja!", rief Mama. Marina griff nach ihrer Hand. „Schau mal, das Zelt ..." Doch hinter der Hütte stand kein Zelt. Marina fühlte rasch in ihre Tasche, doch der Stein war noch da. „Ich glaube, das war die Frau vom Weihnachtsmann", flüsterte sie. Und sie war tatsächlich schon ein ganzes Stückchen glücklicher.

Schwere Stiefel machen Krach

Schwere Stiefel machen Krach
oben auf dem roten Dach.
Bumm, bumm, bumm hör ich es dröhnen,
dann ertönt ein leises Stöhnen.
Hihi, das ist der Weihnachtsmann,
der nicht durch den Schornstein kann!

Er hält die Luft an, macht sich dünn,
dann ist er im Kaminschacht drin.
Rums, schon fällt er auf den Po –
doch er lächelt nur ganz froh.
Denn die Asche, die sonst stört,
hab ich heute ausgeleert.

„Louis", ruft er, „hilf mir doch!"
Schwupp, zieh ich ihn aus dem Loch.
Und er lacht: „Ich danke dir!
Warte mal, ich hab was hier ..."
Eifrig kramt er in dem Sack.
Wie das knistert: krickekrack!

Ein Geschenk und ein Paket,
worauf groß mein Name steht.
Noch zwei Schachteln und 'ne Kiste,
ach, so viel von meiner Liste!
Weihnachtsmann, ich danke dir.
Bleibst du noch ein bisschen hier?

Lachend streicht er mir das Haar.
„Ich muss los, bis nächstes Jahr!"
Durchs Kaminrohr saust er raus
in den Schnee auf unserm Haus.
Seine Stiefel machen Krach
oben auf dem roten Dach.
Bumm, bumm, bumm – ach,
Weihnachtsmann,
zieh dir leise Schuhe an!

Wirkliche Frechdachse

Engel Leonie hatte eine Sonderaufgabe bekommen. Der Stallwichtel des Weihnachtsmanns war leider krank geworden und musste das Bett hüten. Jetzt sollte Leonie sich
um die Rentiere kümmern. Leonie flog wie der Blitz durch die Wolken. Im Nu war
sie am Haus des Weihnachtsmanns angekommen. Sie öffnete vorsichtig die Tür zum
Rentierstall. „Hallo?", rief sie. Die Rentiere schnaubten freudig. Sie sagten Leonie genau, was sie tun musste: ihnen schöne Betten im Heu bauen, ihnen die Hufe rot anmalen, ihnen stundenlang Geschichten vorlesen und natürlich vor allem sie füttern:
mit Plätzchen, Schokokugeln und Zuckerwatte. Emsig wuselte Leonie herum und er-
ledigte alle Aufgaben sehr fleißig.

Gegen Mittag steckte der Weihnachtsmann die Nase zur Tür herein. „Hallo, Leonie",
sagte er. „Danke, dass du hilfst. Aber pass auf – es sind wirklich Frechdachse. Manchmal versuchen sie, neue Helfer auszutricksen, damit sie Süßigkeiten bekommen. Lass
dir nicht von ihnen auf der Nase herumtanzen!" Schon war er verschwunden.

Leonie sah ein Rentier nach dem anderen streng an. „Ihr habt mich reingelegt", sagte
sie. Dann musste sie lachen. „Ihr seid wirklich unmöglich! Von jetzt an gibt es nur
noch Heu und Wasser – und eure Betten könnt ihr selber bauen!" Aber das machte
den Rentieren nichts aus. Immerhin waren sie einen halben Tag lang richtig verwöhnt
worden!

Text: Johannes D. Falk und Heinrich Holzschuher, Melodie: aus Sizilien

O du fröhliche

Viele Familien singen gemeinsam ein Lied, wenn sie in die Weihnachtsstube kommen. Sie sehen staunend auf den erleuchteten Tannenbaum und ihre Herzen schlagen schneller. Vor allem die Kinder schauen schon neugierig auf das eine oder andere Geschenk, das der Weihnachtsmann gebracht hat. Und voller Vorfreude singen sie, dass es bis zum Himmel zu hören ist:

O du fröh-li-che,_ o du se-li-ge,_ gna-den-brin-gen-de Weih-nachts-zeit! Welt_ ging ver-lo-ren, Christ_ ward ge-bo-ren. Freu-e,_ freu-e dich, o Chris-ten-heit.

O du fröhliche, o du selige,

gnadenbringende Weihnachtszeit!

Christ ist erschienen,

uns zu versühnen.

Freue, freue dich, o Christenheit.

O du fröhliche, o du selige,

gnadenbringende Weihnachtszeit!

Himmlische Heere

jauchzen dir Ehre.

Freue, freue dich, o Christenheit.

Papa stellt den Tannenbaum auf

Es war ein hektischer letzter Tag vor Weihnachten. Alle hatten noch schrecklich viel zu tun und jeder meckerte herum. „Laura hat meinen Adventskalender geöffnet", schrie Johanna empört. „Seid leise", schimpfte Papa. Er versuchte gerade, den Weihnachtsbaum richtig in den Ständer zu stellen. „Johanna hat vorher mein Bild vom Weihnachtsmann zerrissen!", schrie jetzt Laura. „Mädels, beruhigt euch mal", rief Mama. „Erik, hier ist alles voller Nadeln, kannst du nicht besser aufpassen?" Sie sah Papa wütend an. „Ich stelle hier den Baum auf, aber keiner hilft", brüllte Papa unter den Zweigen hervor. „Nur Gemecker – ich glaub, ich bin im Wald!"

In diesem Moment kippte der Baum auf ihn nieder und er verschwand im Tannengrün. Jetzt war er tatsächlich im Wald. Laura und Johanna kicherten los. Mama lachte schallend. „Erik, Schatz, lebst du noch?" Dumpf tönte es unter dem Tannenbaum hervor. Laura und Johanna hoben den Baum an, während Mama Papa heraushalf. Er war voller Nadeln. „Ich gehe mich mal ausschütteln, bevor mir noch ein Geweih wie einem Rentier wächst." Mama nickte. Als er draußen war, richtete sie rasch den Baum auf. Johanna und Laura drehten unten die Halterung fest. Dann holten sie den Staubsauger, saugten und wischten das Wasser auf. Als Papa wieder reinkam, stand der Baum. „Oh", staunte Papa. „Ein vorweihnachtliches Geschenk", sagte Mama. „Nächstes Mal helfen wir dir früher." Damit war Papa wieder versöhnt und kramte zur Belohnung die Keksdose hervor, die er seit Tagen versteckt hielt.

Kleine Bäckerengel

Schnupper einmal in die Luft –
riechst du den Adventszeitduft?
Nach Vanille und nach Zimt
und nach Marzipan bestimmt.

Heute backen kleine Bäcker
Naschereien, ach so lecker:
Knusperhäuschen, Schokodrops,
Lebkuchen und Zimt-Cakepops.

Mats nimmt lieber Marzipan,
das formt er zu einem Schwan.
Nein, ein Rentier wird daraus,
bald steht es vorm Knusperhaus.

Isi sticht die Plätzchen aus:
einen Engel, eine Maus,
Schneemänner und Weihnachtskerzen
und ganz viele kleine Herzen.

Erst wenn's dunkel wird, ist Schluss.
Noch ein Tropfen Zuckerguss
auf den letzten Weihnachtsmann,
das Geschenk für Opa Jan!

Dann lacht Mama: „Lieber Himmel,
ist das hier ein Mehl-Gewimmel!
Das war wirklich wunderbar.
Weiter geht's im nächsten Jahr!"

75

Das Nirgendsdings

„Schau mal, was Großtante Amalie dir geschickt hat", rief Mama lachend. Sie hielt ein wolliges Tuch in die Höhe. Papa stöhnte. „Ein Nierenwärmer? Den ziehe ich niemals an. Wolle kratzt auf der Haut!" Ben kicherte. „Ein Nierendings, wozu ist das?", fragte er. „Wenn einem der Rücken wehtut, dann hilft Wärme", sagte Mama. Aber bei ihnen hatte nie jemand Rückenschmerzen! Tante Amalie schickte jedes Jahr so seltsame Geschenke. Meistens lagen sie später im Keller. Mama seufzte. „Ben, ich glaube, das Ding kannst du gleich in den Keller bringen." Ben stand auf. Sie öffneten gerade die Geschenke, die mit der Post gekommen waren. Eigentlich warteten sie auf den Weihnachtsmann. Ben lief zur Hintertür, denn sie konnten nur von außen in den Keller gehen. Als er die Tür öffnete, polterte es plötzlich über ihm. Ben sah nach oben und zog rasch den Kopf ein, denn etwas sehr Großes kam das Dach heruntergepoltert, purzelte über die Regenrinne und rauschte dicht an Bens Kopf vorbei in den Schnee. Es prustete. Ben staunte. Das war der Weihnachtsmann – er war vom Himmel gefallen! Rasch lief er zu ihm, um ihm aufzuhelfen. „Brauchst du Hilfe?", fragte Ben erschrocken. „Ist alles in Ordnung?" Er zog am roten Mantelärmel. Der Weihnachtsmann brummte: „Jaja, geht schon…", und klopfte sich den Schnee vom Mantel. Dann sah er aufs Dach. Ben schaute auch hinauf. Er riss die Augen auf: Dort oben, über dem Dach, schwebte sein Schlitten mit den Rentieren davor! „Ich bin ausgerutscht", stöhnte der Weihnachtsmann.

„Sonst passiert mir das nie, aber dieses Jahr habe ich mir den Rücken verrenkt und kann mich nicht so flink bewegen." Er lächelte Ben an. „Deine Geschenke habe ich übrigens schon unter den Baum gelegt." Ben konnte nicht antworten. Er starrte abwechselnd von den Rentieren zum Weihnachtsmann. Dann hob er seine Hand und hielt ihm das Wolldings vor den Bauch. „Hier, für deinen Rücken. Es ist ein Nirgendsdings und macht warm." Der Weihnachtsmann schaute es sich genau an. „Ein Nirgendsdings, soso", murmelte er. Dann schob er seine Jacke hoch, öffnete den Klettverschluss des wolligen Tuchs und legte es sich um seinen dicken Bauch. „Es passt", rief er fröhlich. Ben kicherte. Wie gut, dass sein Papa genauso einen Kugelbauch hatte wie der Weihnachtsmann! „Ach, das tut gut", seufzte der Weihnachtsmann. „Danke, Ben, das ist ein tolles Geschenk!" Ben strahlte. Der Weihnachtsmann schnalzte mit der Zunge. Schon huschten die Rentiere lautlos vom Dach. Er stieg auf den Schlitten und winkte. Da fiel Ben noch etwas ein. „Kannst du vielleicht Großtante Amalie auch ein Geschenk bringen? Das Nirgendsdings ist nämlich von ihr!" Der Weihnachtsmann nickte lachend und sauste dann mit dem Schlitten davon.

Ben lief zurück in die Stube. „Hast du es weggebracht, schön weit weg?", fragte sein Papa. Ben grinste. Ja, es war wirklich bald sehr weit weg! Dann sagte er: „Wir können jetzt zum Weihnachtsbaum gehen." Schließlich wusste er genau, dass der Weihnachtsmann schon da gewesen war!

Anneke macht es weihnachtlich

Bei Müllers war das ganze Haus richtig hübsch geschmückt. Mit Tannenzweigen, Schleifen und vielen Kerzen. Nur bei Anneke war das Zimmer nicht
weihnachtlich. „Möchtest du auch einen Tannenzweig haben?", fragte Mama. Anneke schüttelte den Kopf. Sie wollte sich selber etwas ausdenken und kramte in ihrem
Regal. Sie hatte doch neulich dieses Weihnachtsmalbuch von Opa bekommen – da
war es ja! Anneke blätterte es durch. Auf jeder Seite war ein anderes Bild: ein Weihnachtsmann, ein Wichtel, ein Stern ... Anneke lächelte und malte los. Den ganzen
Nachmittag malte sie.

Am nächsten Morgen schnitt sie alle Bilder aus. „Was machst du denn da?", fragte
Mama. Anneke grinste. „Sag ich noch nicht. Kann ich ein sehr langes Band haben?"
Mama wunderte sich, holte aber eine lange Schnur. Sie musste sie quer durch das
Zimmer spannen: vom Schrank bis zum Kleiderhaken. Dann schob Anneke Mama
aus dem Zimmer und holte sich Wäscheklammern. Erst nach einer ganzen Weile
durfte Mama wieder ins Zimmer. „Augen zu!", befahl Anneke. Mama gehorchte.
„Und jetzt wieder auf!" Mama öffnete die Augen und rief: „Oh, wie hübsch!" Anneke
strahlte. Sie hatte alle Bilder an die Leine geklammert: Da lief ein Rentier vor einem
Schlitten, dahinter kam der Weihnachtsmann. Dann folgten Engel, Wichtel und viele
Sterne. Ganz am Schluss hing der Weihnachtsbaum. „Das ist wunderschön", fand
Mama. Anneke fand das auch. Jetzt war es bei ihr so richtig schön weihnachtlich.

Die verlorenen Plätzchen

Der Weihnachtsmann saß gemütlich in seinem Haus, aß Plätzchen und trank heißen Kakao. Da stürmte der Hauswichtel durch die Tür. Er rannte so schnell, dass das Glöckchen an seiner Mütze nur so bimmelte. „Weihnachtsmann", rief er aufgeregt, „Elfriede hat alle Plätzchen im Wald verstreut!" Der Weihnachtsmann lachte. Elfriede war das tollpatschigste Wichtelmädchen von allen und stellte immer eine Menge Unsinn an. „Dann gehen wir mal los und helfen ihr", meinte er gutmütig und schob sich aus dem Sessel. Im Wald suchte die arme Elfriede schon ganz verzweifelt. „Ich wollte den Korb doch nur rasch durch den Wald zum Schlitten bringen", jammerte sie. „Aber er war so schwer!" Nun halfen der Weihnachtsmann und der Hauswichtel beim Suchen. Zusammen hatten sie bald alle Kekstüten wiedergefunden. „Das ist ja noch mal gut gegangen", murmelte der Hauswichtel. „Stell dir vor, Elfriede, wenn dieses Jahr kein Kind Zimtsterne oder Lebkuchen bekommen hätte! Nächstes Mal fliegst du vorsichtiger!" Elfriede nickte kleinlaut. Der Weihnachtsmann tröstete sie: „Ist doch alles wieder gut, Elfi. Halb so schlimm." Das Wichtelmädchen lächelte dankbar.

Am nächsten Abend stellte der Weihnachtsmann also leckere Kekstüten unter den Tannenbaum. Alle Kinder freuten sich sehr – nur der kleine Luca wunderte sich: Seine Tüte war schon ein bisschen geöffnet! Und als er das erste Plätzchen herausnahm, entdeckte er darunter einen kleinen Tannenzweig. Wie war der da nur hineingekommen?

Rudi und die Sternschnuppe

Rudi war das jüngste Rentier des Weihnachtsmanns. So kam es, dass er auch stets den meisten Blödsinn anstellte. Am liebsten riss er aus und flog ganz ohne Schlitten allein durch den Himmel. Manchmal versuchte er, das helle Nordlicht zu fangen, manchmal glitt er einfach durch die dunkle Nacht. Am liebsten wäre er einmal auf dem Mond gelandet. In der letzten Nacht vor Weihnachten versuchte er es. Er flog und flog – und es wurde immer kälter da oben! Aber er schaffte es und landete auf dem Mond. Ui, hier war es aber staubig! Rudi schaute sich um. Ringsherum waren Millionen Sterne! Und unter sich sah er die blaue Erdkugel. Sah das hübsch aus! Doch wo genau war jetzt eigentlich sein Zuhause? Auf der Erde kannte Rudi sich aus, aber von hier oben wusste er gar nicht mehr, in welche Richtung er fliegen sollte! Da kam ein kleiner Stern angesaust. „Kannst du mir helfen?", rief Rudi ihm zu. Ich weiß den Heimweg nicht mehr!" Der kleine Stern strahlte. „Ja, gern! Flieg mir einfach nach!" Also flitzte Rudi dem Stern hinterher. „Danke!", rief Rudi, als er das Meer unter sich sah. Nun kannte er sich wieder aus und konnte nach Hause fliegen. Der kleine Stern aber verwandelte sich am dunklen Nachthimmel in eine wunderschöne helle Sternschnuppe.

Maximilians schönste Weihnachtserinnerung

Am Heiligen Abend, kurz bevor es dunkel wurde, schnappte Papa Maximilian und zog ihn dick und warm an. Mama musste noch in der Küche werkeln, da konnten die beiden einen schönen Spaziergang machen. Hand in Hand stapften sie aus dem Haus. Draußen zog der Nebel durch die Straßen. Papa und Maximilian gingen auf den Deich und sahen den Enten zu. „Frieren die?", fragte Maximilian. „Nein", antwortete Papa. „Die dichten Federn halten sie warm." Maximilian zeigte auf die Wiese hinterm Fluss. „Ein Rentier", rief er begeistert. Papa lachte. „Ja, sieht fast so aus, aber das ist ein Reh. Rentiere gibt es bei uns nicht." Sie liefen den Deich hinauf bis zur Brücke. Plötzlich hielt ein Auto und das Fenster ging herunter. Der Fahrer fragte nach dem Weg zur Kirche. Papa erklärte ihm den Weg. Maximilian aber starrte hinten in das Auto. Dort saß ein Engel. Ein richtiger Engel! Mit goldenen Flügeln und einem weißen Hemd. Er lächelte und winkte Maximilian zu. Maximilian winkte scheu zurück. Dann fuhr das Auto wieder los. „Hast du gesehen?", fragte Maximilian leise. „Da war ein Engel." Papa nickte. Maximilian griff seine Hand. „Das ist das schönste Geschenk, das ich heute bekomme", flüsterte er. „Ganz bestimmt." Da strich Papa ihm über die Haare, nahm ihn auf den Arm und trug ihn bis nach Hause. Er sagte nichts, damit Maximilian die ganze Zeit an den schönen Engel denken und sich das Bild fest in seinen Kopf einprägen konnte. Als schönste Weihnachtserinnerung.

Engelchen überall!

Manchmal in der Vorweihnachtszeit, vor allem wenn es dunkel ist, fliegen die kleinen Engel vom Himmel und huschen durch Städte und Dörfer und schauen, ob die Kinder brav und glücklich sind.

Sie flitzen durchs Haus und sehen sich genau um. Sie beobachten dich in deinem Zimmer, in der Küche – überall. Sie finden heraus, ob die Kinder lieb sind. Natürlich darfst du auch mal zanken. Dann halten sich die kleinen Engel kurz die Ohren zu. Sie sind ja keine Petzen. Aber sie hören genau hin, was du dir wünschst und ob es nicht etwas gibt, womit das Christkind dich überraschen kann.

Natürlich sind die Engel auch nicht immer brav. Besonders gern naschen und schlecken sie von den weihnachtlichen Leckereien.

Also, wenn du mal ein paar Plätzchen vermisst, an derselben Stelle aber ein bisschen Glitzer entdeckst, dann weißt du, wer hier genascht hat. Manchmal kannst du auch winzige Fußspuren im Zucker finden. Vielleicht hat ein Engel dir auch einen Stern an den Spiegel gemalt. Oder in deiner Bettdecke sind lauter kleine Dellen – von einem trampolinspringenden Engelchen. Sie sind überall!

Also, sei schön lieb, vor allem in der Weihnachtszeit, damit die Engel dem Christkind viel Gutes erzählen können. Möglicherweise entdeckst du am Heiligen Abend ja eine tolle Überraschung unter dem Tannenbaum!

Anna Ritter

Vom Christkind

Wer huscht in der Weihnachtszeit allein durch den Wald? Ohne Schlitten durch den
Schnee und ohne Wagen? Aber sorge dich nicht, denn ein Stern weist dem Christkind
den Weg – und es macht seine Arbeit so gerne für dich!

Denkt euch, ich habe das Christkind gesehen!
Es kam aus dem Walde, das Mützchen voll Schnee,
mit rotgefrorenem Näschen.
Die kleinen Hände taten ihm weh,
denn es trug einen Sack, der war gar schwer,
schleppte und polterte hinter ihm her.
Was drin war, möchtet ihr wissen?
Ihr Naseweise, ihr Schelmenpack –
denkt ihr, er wäre offen, der Sack?
Zugebunden bis oben hin!
Doch war gewiss etwas Schönes drin!
Es roch so nach Äpfeln und Nüssen!

Ein Stern für Frau Wenders

„Ach herrje, jetzt schneit es aber viel", rief Mama erstaunt. Timon sprang fröhlich in der Küche herum. „Schnee ist doch super", meinte er. „Finde ich auch", schmatzte Papa. „Ja, natürlich", sagte Mama. „Aber Frau Wenders von nebenan hat's dann nicht leicht. Sie hat Angst, dass sie ausrutscht, sie ist doch schon so alt. Ich werde nachher für sie einkaufen gehen. Schippst du für sie Schnee, Sascha?" Papa nickte. „Ich will auch etwas tun", sagte Timon. „Dann lauf rüber und frage sie, ob wir für sie einkaufen sollen", meinte Mama. Timon flitzte gleich los. Im Schlafanzug, aber mit Stiefeln stapfte er durch den Schnee. Es dauerte, bis Frau Wenders die Tür öffnete. Timon erklärte ihr, warum er kam. „Das ist aber sehr nett", freute sich Frau Wenders. Sie setzte sich an den Küchentisch, schob Timon einige Plätzchen hin und fing an zu schreiben. Timon schaute in den Kühlschrank. „Sie brauchen auch noch Eier", sagte er. Frau Wenders nickte. „Früher, als ich noch beim Wald gewohnt habe, hatte ich selber Hühner", erzählte sie. „Echt?", staunte Timon. Frau Wenders nickte und erzählte ein bisschen von früher. Schließlich gab sie Timon den Einkaufszettel. „Bringst du mir später die Sachen?", fragte sie. „Dann erzähle ich noch weiter." Timon nickte. „Au ja", meinte er. „Und ich bastle Ihnen einen Stern für die Tür. Sie haben da gar keinen Kranz dran. Dann ist es viel weihnachtlicher." Frau Wenders strahlte. Jetzt fand sie den Schnee auch ganz gut. Wenn er so netten Besuch brachte!

Der außergewöhnliche Weihnachtswecker

Es war kurz vor Mitternacht am 23. Dezember, als der Weihnachtsmann von einem Poltern aus dem Schlaf gerissen wurde. Er schaltete das Licht ein und schaute sich um. Ach, der Wecker war nur heruntergefallen. Der Weihnachtsmann hob ihn auf – doch nanu? Er tickte nicht mehr! Der Weihnachtsmann schüttelte ihn – doch der Wecker blieb stumm. „Oje, wer weckt mich morgen rechtzeitig?", überlegte der Weihnachtsmann. Er konnte doch jetzt keinen Wichtel mehr aus dem Bett holen, die schliefen doch alle, um morgen fit zu sein! Er überlegte – dann kam ihm eine lustige Idee. Er griff eine Handvoll Plätzchen, zog die Stiefel an und lief zum Hühnerstall, der beim Wald hinterm Haus stand. Vor der Hühnerleiter, von der die Hühner morgens heruntersteigen, begann er eine Kekskrümelspur, die er bis in sein Haus streute: durch die offene Hintertür, auf sein Bett. Unter sein Kopfkissen legte er noch zwei Plätzchen, dann gähnte er und schlief ein.

Pünktlich um halb sechs am nächsten Morgen krähte der Hahn. Es dauerte keine Minute, bis die Hühner die Kekskrümelspur entdeckt und sich bis zum Bett des Weihnachtsmanns vorgepickt hatten. Als nun ein mutiges Huhn auf das Bett sprang und versuchte, die Plätzchen unterm Kopfkissen hervorzupicken, wachte der Weihnachtsmann auf. „Was ist?", rief er erschrocken. Dann fiel ihm alles wieder ein. „Es hat geklappt", jubelte er. „Danke, liebe Hühner!" Rasch scheuchte er sie in den Garten zurück und legte ihnen noch ein paar Körner unter den Tannenbaum. Nun konnte der Weihnachtstag beginnen!

Text: Wilhelm Hey, Melodie: Friedrich Silcher

Alle Jahre wieder

Wie schön, wenn es Dezember ist und abends immer früher dunkel wird. Wir zünden die ersten Kerzen an und hören Lieder und Geschichten über Weihnachten. Jetzt beginnt auch die Zeit der Weihnachtsbäckerei. Hast du Lust dazu? Rolle den Teig und steche einen Stern, ein Herz oder ein Rentier aus. Während du vorm Ofen wartest, bis die Plätzchen fertig sind, kannst du dieses Lied singen, das so wunderbar auf Weihnachten einstimmt:

Al – le Jah – re wie – der kommt das Chris – tus – kind
auf die Er – de nie – der, wo wir Men – schen sind.

Wo ist nur das Glöckchen?

Es war schon dunkel, als der Weihnachtsmann von der Arbeit in der Weihnachtswerkstatt nach Hause kam. Er zog seine Stiefel aus und ließ sich in seinen gemütlichen Samtsessel fallen. Er hätte ein kleines Nickerchen halten können, wenn nicht – ja, wenn da nicht dieses helle Läuten zu hören gewesen wäre. Immer wenn der Weihnachtsmann seinen Kopf zur Seite fallen ließ, um einzuschlafen, klingelte es leise. Dingelingeling! Hübsch eigentlich, aber ein Nickerchen konnte man dabei nicht halten. Ächzend erhob sich der Weihnachtsmann. Er drehte den Kopf und lauschte. Dingelingeling! Der Weihnachtsmann begann im ganzen Haus zu suchen. Am Fenster, überm Kamin, in der Küche – ja sogar unter den Plätzchen auf dem Tisch schaute er nach. Aber er fand das Glöckchen nicht.

Da klopfte es an der Tür. Es war der grüne Wichtel, der ihm bei der Hausarbeit half. „Gut, dass du kommst", stöhnte der Weihnachtsmann. „Es klingelt immerzu und ich finde einfach kein Glöckchen!" Der Wichtel spitzte die Ohren. Aber alles blieb still. „Seltsam", sagte der Weihnachtsmann kopfschüttelnd.

Da klingelte es wieder: dingelingeling! „Bück dich mal", sagte der Wichtel. Der Weihnachtsmann tat es. Der Wichtel lachte. „Du hast ein Glöckchen in deinem Haar!", prustete er. „Es muss dir in der Werkstatt auf den Kopf gefallen sein!" Der Weihnachtsmann lachte auch. Dann hängte er das Glöckchen an einen Tannenzweig. „So, nun können wir Abendbrot essen", sagte er. „Müde bin ich nämlich überhaupt nicht mehr!"

Weihnachten für die Waldtiere

In der stillen Winternacht
fliegt die Engelschar ganz sacht
und leise in den tiefen Wald.
Jeder Engel trägt ein Säckchen
voller kleiner Weihnachtspäckchen
um die Flügelchen geschnallt.

Nackte Füße landen weich
auf der Wiese hinterm Teich –
unterm Schnee ist zartes Moos.
Sie sind leis wie weiße Flöckchen,
doch bald läutet hell ein Glöckchen,
das euch zeigt: Gleich geht es los.

Bald schon stapeln sich am Baume
die Geschenke wie im Traume
unter großen Tannenzweigen.
Oh, wer späht da durch die Äste?
Schau, es sind die ersten Gäste,
die ganz scheu die Nasen zeigen.

Kommt, ihr Lieben, kommt nur näher,
Wildschwein, Fuchs und Eichelhäher,
jeder soll heut glücklich sein.
Hase, Eule, Dachs und Reh,
alle tapsen durch den Schnee,
ganz egal, ob groß, ob klein.

Welch ein Schnuppern, welch ein Schnaufen,
halt, ihr müsst euch doch nicht raufen,
ein Geschenk für jedes Tier!
Knabbern, kauen, Hafer packen,
nagen, knuspern, Nüsse knacken,
das gefällt wohl allen hier!

Und die Tiere nicken froh,
danken mit dem Köpfchen so
ihren Engelchen, fürwahr.
Diese flattern nun geschwind
durch die Wolken wie der Wind,
flüstern leis: Bis nächstes Jahr!

Die letzten Mondstrahlen

Lupinchen war die Letzte. Die anderen Engel waren längst wieder in den Himmel gesaust. Bald würde der Morgen beginnen. Lupinchen musste sich beeilen. Sie hatte alle Wunschzettel eingesammelt, wie es sich für einen Engel der himmlischen Post gehört. Der dicke Sack mit den Briefen lag hinter ihr auf dem Schlitten. Lupinchen zog ihn stöhnend durch den Schnee. Vor sich auf dem großen schneebedeckten Feld sah sie die letzten Mondstrahlen, die bis zur Erde reichten. Nur auf diesen Strahlen konnte sie den schweren Schlitten in den Himmel ziehen. Noch ein paar Meter. „Warum habe ich den Kindern auch so lange beim Spielen zugeschaut!", seufzte Lupinchen. Die Mondstrahlen wurden bereits blasser. Oje, womöglich musste sie sich heute bis zur nächsten Nacht im Wald verstecken? Oder den Schlitten hierlassen und allein in den Himmel fliegen? Nein, das ging doch nicht! Da wurde der Schlitten plötzlich leichter. Lupinchen drehte sich erstaunt um. Hinter dem Schlitten stand ein junges Reh, das mit seinem Kopf den Schlitten kräftig vorwärtsschob. Im Nu waren sie bei den Mondstrahlen angekommen und im letzten Moment zog Lupinchen den Schlitten hinauf. Lupinchen warf dem Reh einen Handkuss zu. „Danke, liebes Reh! Ich sage dem Christkind, wie lieb du warst, dann findest du in diesem Winter extra viele Pilze im Schnee!" Das Reh nickte. Da hob der Mondstrahl Lupinchen auch schon sanft mit dem Schlitten empor und sie schwebten hinauf in die Wolken.

Der vorbestellte Weihnachtsbaum

„Morgen kommt der Weihnachtsmann, lala-lala-lalaa!", trällerte Julia vergnügt. Sie lief mit Papa zu einem Stand, an dem Weihnachtsbäume verkauft wurden. „Wir nehmen einen riesengroßen", rief Julia fröhlich. „Na ja, wir müssen ihn schon bis zum Haus tragen können", brummte Papa. „Dafür habe ich ja den Schlitten", meinte Julia.

Doch am Stand gab es nicht mehr viele Bäume. „Wo sind die alle hin?", fragte Julia. „Schon weg", sagte der Verkäufer. Julia sah sich um – und hatte Glück! „Papa, ich habe den schönsten Baum gefunden", rief sie. Doch der Verkäufer schüttelte den Kopf. „Leider nein. Gestern war ein Mädchen mit seiner Mutter hier, die haben den vorbestellt." Julia ließ den Kopf hängen. Oh nein! Der Baum war so schön: groß, mit dichten Zweigen und einer Doppelspitze. Traurig sah sie Papa an. Dann rief sie plötzlich: „Mama!" Mama kam mit Annika zum Stand. „Was wollt ihr denn hier?" Mama sah Papa fragend an. „Ich habe doch gesagt, ich hole den Tannenbaum." Papa kratzte sich am Kopf. „Du? Ich dachte, ich!" Julia grinste. Das war ja mal wieder typisch! Aber als Annika sie mitzog und genau zu dem Baum ging, der schon vorbestellt war, jubelte Julia. „Juchhu! Du hast ihn vorbestellt! Wir kriegen den schönsten Baum!"

Schon tanzten sie zu zweit um den Baum, während der Verkäufer ihn lachend festhielt. Der Baum passte zwar nicht auf den Schlitten, aber Mama und Papa konnten ihn zusammen tragen. Und Julia und Annika sangen dazu: „Morgen kommt der Weihnachtsmann, lala-lala-lalaa!"

Was soll das bedeuten?

Hör einmal genau hin, was in diesem Lied erzählt wird: Mitten in der Nacht wurde es so hell, dass die Hirten gar nicht wussten, wie ihnen geschah. Es war nicht nur der helle Stern, sondern auch die Englein, die so viel Licht brachten. Und als der Engel den Hirten sagte, dass sie zum Stall gehen sollten, machten sie sich auf zu dem kleinen Haus, in dem Jesus lag. Dort sahen sie das „Wunderding" und staunten.

Was soll das be-deu-ten, es ta-get ja schon, 'rum.
ich weiß wohl, es geht erst um Mit-ter-nacht

Schaut nur da – her, schaut nur da – her, wie glän-zen die

Stern-lein, je län-ger, je mehr.

Ohne Strümpf' und ohne Schuh'

„Holger, halt an!", rief Mama erschrocken. Papa drückte auf die Bremse. „Habt ihr das gesehen? Da lief ein Kind mit einem Schlitten und hatte kaum etwas an – es war sogar barfuß!" Mama schüttelte entsetzt den Kopf und sprang aus dem Auto. Nele beobachtete sie. Mama blieb stehen und sah sich verwirrt um. Dann kam sie zurück und stieg wieder ein. „Seltsam", murmelte sie. „Verschwunden. Ich hätte schwören können ..." Nele grinste. „Das war sicher das Christkind", meinte sie. Mama sah sie im Rückspiegel an. „Barfuß im Schnee? Und überhaupt, ich denke, das fliegt wie ein Engel?" Nele runzelte die Stirn. „Aber es kann doch mal laufen, wenn es nur von einem Haus zum nächsten geht." Nele rutschte ein Stück vor. „Los, Papa, fahr schnell nach Hause, vielleicht war das Christkind auch schon bei uns!" Papa gab Gas.

Als sie ausstiegen, brummte Mama immer noch vor sich hin: „Tss, barfuß. Da muss doch selbst das Christkind kalte Füße kriegen, oder?" Plötzlich hörte Nele ein leises Glöckchen. Rasch zog sie Mama und Papa an den Händen und ging ins Wohnzimmer. Ja, wirklich, das Christkind war schon da gewesen! Der Weihnachtsbaum leuchtete, die Geschenke standen unter dem Baum. Nele und ihre Eltern feierten einen schönen Weihnachtsabend.

Vorm Schlafengehen aber legte Mama ein paar von Neles dicken Wollsocken draußen vor das Wohnzimmerfenster. Und ob du's glaubst oder nicht – am nächsten Morgen waren sie verschwunden! Ob das Christkind von nun an immer Socken trägt?

Was macht der Weihnachtsmann im Sommer?

Was macht der Weihnachtsmann im Sommer? Vom Reisen hat er meist genug – er kommt ja an Weihnachten um die ganze Welt! Am liebsten, ja, glaub es nur, am liebsten probiert er all die vielen Geschenke aus, die neu erfunden wurden und jetzt getestet werden müssen. Wie in diesem Jahr.

Den ganzen Frühling lang hatten die Wichtel viele Spielzeuge verbessert oder sich neu ausgedacht. Jetzt warteten auf dem Testplatz Zauberstäbe mit Glitzersprühfunktion, Ninjago-Flugkostüme, Rutscheautos, die aussahen wie Flugzeuge, Stoffhandys für Babys und viele andere Dinge. Dann fing die Testphase an: Da sah man den Weihnachtsmann im Feenkostüm, sechs Wichtel auf dem Schlitten mit Propeller und ein Rentier auf Rollschuhen. Leider raste der Propeller-Schlitten viel zu schnell und die Wichtel brausten dem Weihnachtsmann in die Hacken. Schon stand er vorn auf dem Schlitten, als ob er balancierte. Dann aber bremsten die Wichtel den Schlitten und der Weihnachtsmann wurde in hohem Bogen nach vorn geschleudert. Er landete auf dem Rücken des Rollschuh-Rentiers und beide sausten – wusch! – in den Wald.

Ja, so lustig hat es der Weihnachtsmann im Sommer. Nur um es gleich vorwegzusagen: Die Flugkostüme funktionierten überhaupt nicht. Lauter kleine Wichtel-Ninjagos waren abgestürzt. Zum Glück hatte sich keiner wehgetan. Dafür durfte jeder von ihnen einen Zauberstab behalten. Und auch der kleine Eisbär Willi behielt das Stoffhandy – vor allem, weil sich keiner traute, es ihm wegzunehmen ...

Rudi kann einfach nicht anders

Im Rentierstall rumorte es fürchterlich. Als der Weihnachtsmann die Tür öffnete, beschwerte sich das zappelige Rentier Tänzer: „Rudi ist schon wieder abgehauen", rief es. „Der faule Blitzer hat nicht aufgepasst!" Der Weihnachtsmann lächelte. „Aber deswegen braucht ihr doch nicht zu streiten. Es ist schwierig, auf Rudi aufzupassen. Sobald er etwas Gutes riecht, flitzt er davon. Ich gehe ihn rasch suchen."

Es dauerte nicht lange, da stieß er auf Rudis Spur. „Hab ich's mir doch gedacht", schmunzelte der Weihnachtsmann. Die Spur führte durch den Wald zur neuen Backstube. Hier probierten Backengelchen und Wichtel gemeinsam neue Leckereien aus, bevor sie in der Engelsbäckerei in großen Mengen gebacken wurden. Und da entdeckte der Weihnachtsmann Rudi auch schon. Er hatte seinen Kopf durch das hintere Fenster in die Backstube gesteckt. An seinem Rentierpo wedelte der kurze Schwanz fröhlich hin und her. „Rudi?", fragte der Weihnachtsmann. Das Rentier zog erschrocken den Kopf aus dem Fenster. An seiner Schnauze klebten Krümel von Plätzchen, die es gefuttert hatte. „Na komm, du Naschkatze", lachte der Weihnachtsmann. „Katze? Ich bin ein Rentier", beschwerte sich Rudi – aber natürlich kam er mit. „Es riecht so gut", sagte er kleinlaut. Der Weihnachtsmann lächelte. „Ich weiß. Wie wäre es, wenn du mich nächstes Mal rufst, wenn du Hunger bekommst? Dann mache ich uns duftende Bratäpfel." Damit war Rudi sehr einverstanden. Bratäpfel sind mindestens genauso lecker wie Plätzchen!

Was steht denn da im Winterwald?

Rate mal, was kann das sein?
Es steht im Wald, doch nie allein.
Rundherum stehn noch viel mehr,
meistens streiten sie sich sehr.
„Ich bin der Schönste", hört man dort.
„Nein, das bin ich", so geht es fort.
„Ich bin am größten", tönt es da.
„Nein, das bin ich", kommt von ganz nah.
So streiten sie bis zu dem Tag,
der schon in Kürze kommen mag.
Dann geht es mit dem Lkw
holprig über Eis und Schnee.

Da passen alle, alle rein!
Ganz egal, ob groß, ob klein.
Ob breit, ob schmal, ob dünn, ob dick –
bald, ganz bald sind alle schick.
Denn sie werden reich geschmückt,
mit Stern und Kugeln bunt bestückt.
Dort stehen sie und halten Kerzen,
erfreuen große und kleine Herzen.
Zu den Füßen viele Päckchen
und auch manches samtne Säckchen.
Das hübscheste Geschenk ist er.
Sag es nur, du weißt schon, wer?

Chantal hilft dem Weihnachtsmann

Als Chantal mit Papa von der Kirche nach Hause lief, begann es zu schneien. „Schnee", flüsterte Chantal begeistert. „Endlich Schnee!" Sie drehte sich und versuchte, die Flocken mit der Zunge zu fangen. Papa lachte. Dann sagte er: „Dort hinten läuft jemand herum, als ob er etwas sucht. Komm, Chantal, wir helfen." Sie bogen in den kleinen Sandweg ein, der zum Wald führte. Bald kamen sie an die ersten Bäume, zwischen denen jemand im Dunkeln herumtappte. „Hallo, können wir Ihnen hel..." Papa hörte auf zu sprechen und starrte den Mann an. Er war ein bisschen dick, hatte einen langen Bart und ziemlich viele rote Sachen an. „Du bist der Weihnachtsmann", strahlte Chantal. Der Weihnachtsmann sah auf und lächelte. „Chantal", rief er. „Wie schön! Vielleicht kannst du mir helfen?" Chantal nickte aufgeregt. „Mir ist ein Geschenk vom Schlitten gepurzelt. Ich finde es einfach nicht wieder." Chantal und Papa suchten mit. Auf einmal hatte Chantal eine Idee. Sie hob den Kopf und sah nach oben. „Da", rief sie dann. „Dort oben hängt es fest! Papa, nimm mich auf die Schultern!" Das Geschenk hing an einem abgebrochenen Ast. Chantal reckte sich auf Papas Schultern in die Höhe und griff das Päckchen. Sie gab es dem Weihnachtsmann. „Sehr schön, vielen Dank", murmelte er. „Und jetzt rasch nach Hause, liebe Chantal, deine Geschenke liegen schon unterm Baum!" Er winkte und lief in den Wald. Chantal winkte auch. Und dann zog sie kräftig an Papas Hand. Sie wollte jetzt schnell nach Hause!

Die kleine Maus Filomena

Die kleine Maus Filomena
liebt Weihnachten gar sehr.
Sie mag den Duft im ganzen Haus
und Süßes noch viel mehr.

Dezember, das ist für die Maus
die allerschönste Zeit:
Plätzchen, Schoki, Marzipan,
Naschzeug weit und breit.

In jeder Ritze finden sich
Brösel, Krumen, Reste.
Unterm Tisch klebt Zuckerguss,
das ist das Allerbeste!

Die Maus flitzt an dem Tannenbaum
empor zum goldnen Stern,
dort schaut sie nach den Nüssen aus,
die mag sie auch so gern.

Nascht die Maus Filomena
den Rest des Jahres auch?
Nein, da frisst sie gar nichts mehr,
schön rund ist ja ihr Bauch.

Die Maus liegt hinterm Ofenrohr
hübsch warm und zugedeckt;
hält einen tiefen, festen Schlaf –
bis Weihnachtsduft sie weckt!

Text: August Zarnack und Ernst Anschütz, Melodie: Volksweise

O Tannenbaum

Tief im Wald, da steht ein Tannenbaum – der wächst und wächst und wartet darauf, dass seine Zeit kommt. Mit vielen anderen in einer Reihe hofft er jedes Jahr, dass er diesmal ein Weihnachtsbaum sein darf. Manchmal kommt ein Engel zu ihm geflogen und setzt sich auf seine Zweige. Er erzählt dem Tannenbaum von Weihnachten. Von Kerzen und Kugeln und von den leuchtenden Augen, die ihn anschauen werden. Dann freut sich der kleine Tannenbaum – auf das Jahr, in dem er als Geschenk in dein Wohnzimmer kommt.

O Tan - nen - baum, o Tan - nen - baum, wie treu sind dei - ne
Blät - ter! Du grünst nicht nur zur Som - mers - zeit, nein,
auch im Win - ter, wenn es schneit. O Tan - nen - baum, o
Tan - nen - baum, wie treu sind dei - ne Blät - ter.

Die Weihnachtsläuse

Der Weihnachtsmann schüttelte sich. Läuse! Beim Weihnachtsmann! Hatte man so was schon gehört! „Jetzt halt doch still", schimpfte der kleine grüne Wichtel, der ihm den Bart ausbürstete. „Du hast Glück, dass du keine Läuse in den Haaren hast!" Oh nein! Im Bart, das genügte dem Weihnachtsmann. Kaum war der Wichtel mit dem Kämmen fertig, lief der Weihnachtsmann in den Stall. „Blitzer, ich weiß genau, dass die von dir kommen! Ab jetzt badest du öfter", schimpfte er. Das zottelige Rentier drehte ihm den Kopf zu. „Läuse? Die sind nicht von mir. Rentierläuse gehen nicht auf Menschen." Der Weihnachtsmann war verdutzt. Von wem kamen die Läuse dann? Sie konnten ja nicht vom Himmel gefallen sein! Rasch lief er in die Wichtelwerkstatt. Aber was war das? Alle Wichtel saßen auf dem Boden und lausten sich gegenseitig! Aufgeregt kam Oberwichtel Frido angerannt. „Alle!", rief er aufgeregt. „Alle haben Läuse!" Da musste der Weihnachtsmann lachen. „Ich helfe mit", sagte er. Mit der linken Hand griff er nach den Plätzchen, mit der rechten einen Läusekamm. Dann knabberte er los und kämmte Frido den Bart. „Ich mache das ganz ordentlich", brummelte er. „Ich will nicht, dass wir den Kindern Läuse in die Weihnachtsstuben bringen." Doch da konnte Frido ihn beruhigen: „Es sind Bartläuse. Bärte haben Kinder ja zum Glück nicht." Das stimmt. Zum Glück!

Ein Sternschnuppengruß vom Christkind

Paul und Lea standen auf dem Balkon und schauten in den Himmel. Sie hielten nach Sternschnuppen Ausschau. „Glaubst du, unsere Wunschzettel sind nicht angekommen?", fragte Lea. „Doch", antwortete Paul. „Aber sicher ist sicher. Ich möchte die Autorennbahn unbedingt bekommen. Also wünsche ich mir von der Sternschnuppe, dass das Christkind daran denkt." Jetzt musste Lea lachen. „Das Christkind vergisst doch nichts!" In diesem Moment flitzte tatsächlich ein kleiner Stern durch den dunklen Nachthimmel. „Da!", rief Paul aufgeregt. Schnell machte er die Augen zu und dachte fest an seinen Wunsch. Lea sah weiter hinauf. Sie brauchte sich nichts zu wünschen. Das Christkind würde schon an ihr Geschenk denken. Genau wie letztes Jahr auch. Plötzlich entdeckte sie ebenfalls eine Sternschnuppe. Die war aber lang! „Schau mal, Paul", flüsterte Lea. Die Sternschnuppe zog sich sehr langsam über den Himmel. Lea kniff die Augen zusammen. „Das ist keine Sternschnuppe", sagte sie leise. „Das ist das Christkind!" Auch Paul sah angestrengt nach oben. „Ich glaube, du hast recht", sagte er nachdenklich. „Dann hat es doch ganz bestimmt meinen Wunsch gehört, oder?" Lea nahm Pauls Hand. „Ganz bestimmt", meinte sie.

Und sie gingen hinein, um den Tannenbaum noch schöner zu schmücken, damit das Christkind sich auch freute!

Der Weihnachtsmann steckt fest

Still schwebte der Schlitten mit den Rentieren über dem großen Haus. Die Rentiere drehten ab und zu die Köpfe, sahen zum Schornstein und kicherten. „Hört auf zu lachen", brummte der Weihnachtsmann. „Es liegt nicht an mir, dass ich nicht durch den Schornstein komme!" Rentier Rudi fiel beinahe um vor Lachen. „Nein, es liegt an den vielen Keksen, die du futterst!" Der Weihnachtsmann brummelte nur. Er drückte mit den Armen und zappelte mit den Beinen und – nanu, da war doch was unter seinen Füßen? Nun fiel Rentier Rudi vor Lachen um und lag rücklings auf dem Dachfirst im Schnee. Der Weihnachtsmann schüttelte den Kopf. „Du albernes Tier", schimpfte er. „Der Kamin ist verstopft!" Er kletterte wieder hinaus, griff sich seine Angel für Notfälle ganz unten im Schlitten und angelte im Schornstein herum.

Bald zog er ein leeres Vogelnest heraus. „Ts-ts", machte er. „Dass die Leute ihre Schornsteine aber auch nie sauber machen können ..." Rudolf hob den Kopf. „Sind Kekse im Nest?" Der Weihnachtsmann lachte. „Na, wer von uns ist jetzt das Schleckermaul?" Dann schnappte er sich seinen Geschenkesack und sauste schwungvoll in den Kamin. Denn wie jeder weiß, ist es ganz egal, wie dick der Weihnachtsmannbauch ist – er kommt überall hinein. Wie er das wohl macht?

So einen Baum gab es noch nie

Lautlos flog das Christkind durch die Nacht. In seinen kleinen Händen trug es viele bunte Geschenke – die waren alle für die drei kleinen Jungen in diesem Haus gedacht. Das Christkind schlüpfte durch ein halb offenes Fenster und huschte auf Zehenspitzen durch den Flur. Wo war nur die Stube? Ach, dort drüben. Tür auf, husch, Tür zu. „Oh, was für ein hübscher Tannenbaum", wisperte das Christkind. Da hatten sich Tim, Tom und Tammo aber wirklich Mühe gegeben. Es war ein richtiger Fahrzeugbaum! An den Zweigen hingen aus Glanzpapier geschnittene Bagger und Laster, die Kerzen standen auf kleinen Schlitten, die mit Wäscheklammern festgeklemmt waren. Das Christkind lächelte, als es auf den Zweigen noch lauter Spielzeugautos entdeckte. So etwas hatte es noch nie gesehen! Begeistert legte es die bunten Päckchen unter den Baum. Um sich zu bedanken, malte das Christkind auf drei Fahrzeuge einen Stern – er glitzerte golden – und flüsterte „Danke schön und fröhliche Weihnachten für euch alle!", öffnete das Fenster und schwebte geschwind zum Himmel hinauf. Da erklang im Wohnzimmer das Glöckchen und die drei Rabauken flitzten zum Tannenbaum!

Zwei Naschkatzen und ein Lebkuchenhaus

„Schneeflöckchen, Weißröckchen", sang der Weihnachtsmann. Draußen wirbelte der Schnee. „Was machen wir heute?", fragte der Weihnachtsmann den grünen Wichtel. Der Wichtel hielt ihm den großen schwarzen Socken entgegen, den er gerade stopfte. „Hier, näh du weiter." Der Weihnachtsmann schüttelte den Kopf. „Nee, dazu habe ich keine große Lust." Plötzlich sprang er auf. „Weißt du, was toll wäre? Ein Lebkuchenhaus backen!" Der Wichtel warf den Stopfsocken ins Körbchen. „Juchhu! Auf in die Küche!" Sie banden sich Schürzen um, dann kneteten sie den Teig, rollten ihn aus, backten ihn und schnitten die Hauswände aus. Der Weihnachtsmann schnupperte sehnsüchtig. Dann biss er in ein Stück Dach. „He", rief der Wichtel empört. „Das brauchen wir noch. Nasch ein paar Plätzchen, wenn du Hunger hast!" Der Weihnachtsmann kicherte. Sie kleckerten mit Zuckerguss, bis ihre Bärte verklebt waren. Sie klebten Gummibärchen und Schokobonbons und alles, was sie finden konnten, auf das Haus. Am Ende war es kunterbunt und wunderschön. „Das beste Lebkuchenhaus der Welt!", fand der Wichtel. Der Weihnachtsmann nickte. „Jetzt essen wir es auf." – „Nein!", schimpfte der Wichtel. „Wir müssen es erst ein paar Tage anschauen!" Der Weihnachtsmann sah ihn erstaunt an. „Aber dann schmeckt es nicht halb so gut!" Da musste der Wichtel lachen. Und dann futterten sie, bis ihre Bäuche dick und rund waren. „Ich liebe Lebkuchenhäuser!", seufzte der Weihnachtsmann.

Text: Karl Enslin, Melodie: Volksweise

Kling, Glöckchen, klingelingeling

Wenn es draußen bitterkalt ist und kräftig friert, bekommt sogar das Christkind manchmal kalte Füße. Dann huscht es auf seiner Suche nach einem warmen Ort durch die Straßen. Also öffne stets, wenn du ein Glöckchen klingeln hörst, die Tür und schau hinaus, ob das Christkind nicht gerade vor deinem Haus wartet ...

Kling, Glöck-chen, klin-ge-lin-ge-ling, kling, Glöck-chen, kling!
Lasst mich ein, ihr Kin - der, 's ist so kalt der Win - ter,
öff - net mir die Tü - ren, lasst mich nicht er - frie - ren!
Kling, Glöck-chen, klin-ge-lin-ge-ling, kling, Glöck-chen, kling!

Kling, Glöckchen, klingelingeling,
kling, Glöckchen, kling!
Mädchen hört und Bübchen,
macht mir auf das Stübchen,
bring euch milde Gaben,
sollt euch dran erlaben.
Kling, Glöckchen, klingelingeling,
kling, Glöckchen, kling!

Kling, Glöckchen, klingelingeling,
kling, Glöckchen, kling!
Hell erglühn die Kerzen,
öffnet mir die Herzen,
will drin wohnen fröhlich,
frommes Kind, wie selig.
Kling, Glöckchen, klingelingeling,
kling, Glöckchen, kling!

Das Weltall für Mattis

Luisa seufzte. Sie wusste einfach nicht, was sie ihrem großen Bruder zu Weihnachten schenken sollte. „Mal ihm doch ein Bild", schlug Mama vor. „Aber Mama", stöhnte Luisa. „Bilder sind schön für Oma. Aber nicht für Mattis." Dann fiel ihr Blick auf Mattis' neu gebautes Raumschiff. Er liebte Raumschiffe. Und das Weltall, Planeten und so was. „Mama, ich brauche deine Hilfe", rief Luisa. Mama half Luisa, eine Tapetenrolle ganz weit abzurollen. Dann malte Luisa sie dunkelblau an und setzte kleine gelbe Punkte darauf. Das waren die Sterne. „Das hier ist der Polarstern", erklärte Luisa, als sie einen besonders leuchtenden Stern malte. Sie malte auch Sternbilder: den Großen Wagen und die Fische. In eine kleine Ecke tupfte sie noch Punkte, die aussahen wie ein Rentier. Schließlich war es ja ein Weihnachtsgeschenk! „Toll", fand Mama.

Am Weihnachtsabend war Luisa sehr aufgeregt, als Mattis neugierig das große Geschenk öffnete. „Eine Tapetenrolle?", fragte er enttäuscht. Dann rollte er sie auseinander. „Oh, das Weltall, wie cool", freute er sich. Luisa erklärte ihm rasch: „Du kannst es an deiner Kinderzimmertür aufhängen. Oder Mama tapeziert damit die Wand an deinem Bett." Mattis staunte. „Auf jeden Fall beim Bett", meinte er. „Dann hänge ich mein Raumschiff davor. Das sieht bestimmt super aus. Danke, kleine Schwester!"

Er knuddelte Luisa. Luisa strahlte. So sehr hatte sich noch niemand über ein Geschenk von ihr gefreut!

Warum der Weihnachtsmannschlitten stets auf dem Dach hält

Der kleine Räuber Jatuschek wollte endlich in die Räuberbande aufgenommen werden. „Erst musst du eine Probe bestehen", brummte Oberräuber Farin. „Klau ein Pferd." Jatuschek nickte und rannte geradewegs zur Straße, die durch den Wald führte. Sicher würde hier bald eine Kutsche vorbeikommen. Aber es kam noch besser! Hinter einer Kurve entdeckte Jatuschek viele Pferde, die vor einen Schlitten gespannt waren. Jatuschek konnte keinen Kutscher sehen, also spannte er rasch ein Pferd aus. Das Pferd sträubte sich, Jatuschek musste es mit Plätzchen locken. Als er zum Oberräuber kam, starrte der erst das Pferd an und dann ihn. „Jatuschek, das ist kein Pferd, das ist ein Rentier!", brüllte er los. „Und es hat ein rotes Band mit einem goldenen Stern um, das ist doch nicht …" – „Doch", brummte eine tiefe Stimme. „Das ist eins von mir!" Vor Farin und Jatuschek stand der Weihnachtsmann. „Lieber Jatuschek", sagte er tadelnd. „Du sollst nicht stehlen!" Jatuschek nickte kleinlaut und spannte das Rentier wieder vor den Schlitten. Der Weihnachtsmann lächelte. „Wenn ihr versprecht, dass ihr im nächsten Jahr nicht stehlt, schenke ich euch etwas!" Die Räuber liebten Geschenke! Also nickten sie brav. Der Weihnachtsmann holte viele Pakete aus seinem Sack, die er den Räubern überreichte. Jatuschek und Farin strahlten. „Aber jetzt brav sein!", murmelte der Weihnachtsmann lachend und fuhr davon.
Seit diesem Tag parkt der Weihnachtsmann seinen Schlitten auf den Dächern – damit keiner mehr eines seiner Rentiere stehlen kann!

Eine Überraschung für Willibald

Das kleine Rentier stand im Wald und knabberte Moos von den Baumstämmen. Ab und zu sah es auf und beobachtete einen kleinen Schneehasen beim Hoppeln durch den frischen Schnee. Manchmal lief es ein Stück voraus, dann trabte es wieder zurück zu seiner Mama. Am Rand der Wiese entdeckte es ein Geschenk. Grün und eckig, mit einer goldenen Schleife. Nanu? Was war da wohl drin? Das Rentier schnupperte. „He, das gehört mir", schimpfte plötzlich eine helle Stimme. Das Rentier sah sich erschrocken um. Vor ihm flatterte ein kleiner Engel aufgeregt mit den Flügeln. „Ich habe es hier kurz abgelegt, weil ich mal für kleine Engel musste." Das Rentier sah ihn fragend an. „Na, ich musste mal Pipi", kicherte der Engel. „Und wohin bringst du das Geschenk jetzt?", fragte das Rentier neugierig. „Zu Willibald", sagte der Engel. „Das bin ich", rief das Rentier aufgeregt und hopste im Schnee herum. „Nein", sagte der Engel. „Geschenke bekommen nur Menschenkinder." Das kleine Rentier sah enttäuscht zu Boden.

„Na gut", flüsterte es und trottete zurück zu seiner Mama. Doch weil traurige Rentier-
kinder-Augen einen Engel auch traurig machen, überlegte dieses Engelchen sich eine
Überraschung. So kam es, dass am Heiligen Abend ein eckiges grünes Geschenk mit
einer goldenen Schleife vor dem kleinen Rentier in den Schnee fiel. „Für Willibald,
das RENTIER-Kind" stand darauf. Darin waren Maiskolben, Hafer und ein hübsches
rotes Halstuch. Willibald freute sich und hüpfte herum wie ein kleiner Schneeha-
se. Und er rief laut „Danke, lieber Engel!" in den sternklaren Abendhimmel.

Wer schläft denn da?

Sara konnte nicht einschlafen. Schon lange war in der Wohnung Ruhe eingekehrt, aber Sara war hellwach. Einmal wollte sie noch die schöne neue Puppe anschauen! Leise schlich sie die Treppe hinunter und setzte sich vor den Tannenbaum. Darunter lag ihre Puppe. Sara strich ihr übers Haar. Aber nanu? Was steckte denn da in ihrem neuen Puppenbett? Sara hob die Decke hoch. Ein Engel! Das Engelchen öffnete ein Auge und gähnte. Dann setzte es sich ruckartig auf. „Oje, ich bin eingeschlafen! Oje, oje, das gibt Schimpfe!" Erschrocken sah es Sara an. Sara kicherte. „Was machst du in meinem Puppenbett?" Das Engelchen wurde rot. „Ich war müde und es sah herrlich gemütlich aus! Ich bin heute schon so weit geflogen! Der Weihnachtsmann möchte wissen, ob seine Geschenke Freude machen, deshalb schickt er uns Engel aus, um nachzusehen. Ich bin Anjouna." Sara runzelte die Stirn. „Anschunah?" Der Engel nickte strahlend. Sara lächelte und holte den Weihnachtsteller. „Hunger?", fragte sie. Anjouna nickte. Gemeinsam knabberten sie Plätzchen. „Jetzt muss ich zurück in den Himmel", sagte Anjouna. Sara nickte. „Sag ihnen, dass ich dich noch gebraucht habe", meinte Sara. „Weil ich nicht schlafen konnte. Dann bekommst du keine Schimpfe." Anjouna lächelte. „Gute Idee, danke!" Dann flatterte sie mit ihren schimmernden Flügeln. „Bis nächstes Jahr!" Sara ließ das Engelchen aus dem Fenster hinaus und winkte ihm hinterher. Sie seufzte glücklich. Jetzt konnte sie bestimmt gut einschlafen!

Krach in der guten Stube

Der Weihnachtsmann stand im Wohnzimmer der kleinen Marie und schaute stirnrunzelnd den geschmückten Tannenbaum an. Irgendetwas fehlte. Nachdenklich strich er sich über den Bart. Da fiel es ihm ein. Ganz oben fehlte etwas! Ein Engel oder ein Stern ... Er schaute sich um. Gab es in diesem Haus denn nichts, was passen könnte? Da entdeckte er ein Stück Goldpapier. Rasch faltete und zupfte er daraus eine dicke Kugel. Dann zog er seine Stiefel aus und stieg auf den Sessel. Aber er kam nicht bis an die Spitze. Er beugte sich vor, streckte den Arm hoch – und höher – und ... plumpsrabums! Er fiel polternd auf den Boden und riss dabei den Teller mit den Plätzchen um. Plötzlich öffnete sich die Tür. Marie schaute vorsichtig herein. „Hallo, Weihnachtsmann, dachte ich mir doch, dass du es bist", flüsterte sie. „Komm, ich helfe dir!" Sie half dem Weihnachtsmann auf und klopfte ihm die Krümel vom dicken Bauch. „Was machst du nur?", fragte sie kichernd. Der Weihnachtsmann erklärte es ihr. Marie griff sich die goldene Kugel und sagte: „Heb mich hoch!" Das tat der Weihnachtsmann – und Marie konnte die Kugel oben feststecken. „Wie hübsch!", fand sie. Dann schielte sie nach den Geschenken. „Hui, so schöne Päckchen", hauchte sie. Der Weihnachtsmann lächelte. „Jetzt muss ich gehen." Marie nickte. „Meine Eltern sind gerade im Bad. Wenn ich denen erzähle, dass ich dich getroffen habe ..." Sie lachte leise, während sie dem Weihnachtsmann winkte, der durch das Fenster verschwand.

Josef braucht einen Helm!

Lukas und Ben lagen auf dem Teppich und bauten die Weihnachtskrippe auf. „Das Haus kommt hierhin", sagte der kleine Ben. „Das heißt Krippe", verbesserte Lukas. Er kannte sich gut aus mit Weihnachten und allem, er war ja schon groß. „Nein, die Krippe ist das Bett von Jesus", sagte Ben und legte das Jesuskind in die kleine Holzkrippe. „Ja, aber das ganze Haus heißt auch Krippe", meinte Lukas. „Nein, das ist ein Stall", krähte Ben. Lukas seufzte. „Du bist eben noch klein, du weißt das nicht richtig", sagte er. „Pass auf, mein Rentier rammt gleich deinen Ochsen", schimpfte Ben. Lukas lachte. „Das ist ein Esel und kein Rentier!" Ben schob wütend die Unterlippe vor und pikte Lukas mit dem Stern. „Ärgere mich nicht", rief er laut. Eine Träne kullerte über seine Wange. Lukas sah ihn erstaunt an. „Aber ich wollte dich nicht ärgern. Ich will dir nur alles erklären. Ich bin doch dein großer Bruder!" Ben schniefte. Dann legte er seinen Arm um Lukas' Hals. „Aber ich mag Rentiere", seufzte er. Da beschloss Lukas, dass es nicht so schlimm sein konnte, etwas falsch zu machen, weil heute ja noch nicht Weihnachten war. Es genügte doch, wenn am Heiligen Abend alles richtig war. Also sagte er: „Na komm, dann kann dein Rentier doch den Stern auf den Stall fliegen, oder?" Ben nickte fröhlich. „Und Josef kriegt eine Ritterlanze und einen Helm von den drei Königen als Geschenk." Lukas lachte. Eigentlich machte es doch sehr viel Spaß, wenn man alles kräftig verdrehte!

Majas Weihnachtsglücksmoment

Maja hatte das größte Glück auf Erden: Sie wohnte auf einem kleinen Bauernhof direkt neben einem Naturpark. Gleich hinter ihrem Haus stand ein Zaun, der ihren Garten vom Park trennte. Und auf der großen Wiese des Parks weideten fast immer Tiere: Hirsche, Rehe, ja sogar Rentiere gab es dort! Maja liebte Tiere. Jeden Tag stand sie am Zaun und schaute ihnen beim Fressen zu. Oft sprach sie mit ihnen und flüsterte: „Kommt doch, kommt her zu mir! Ich tu euch nichts, ich möchte euch nur streicheln!" Aber leider kamen die Tiere nicht. Mama hatte es ihr erklärt: Es waren wilde Tiere, die hüteten sich vor den Menschen.

Als Maja am Heiligen Abend auf den Weihnachtsmann wartete, stand sie wieder draußen. Die Gummistiefel über der sauberen Strumpfhose, die alte Jacke über dem Kleid. Sie warf zwei Hände voll Eicheln und Kastanien als Geschenk auf die Wiese. „Fröhliche Weihnachten", rief sie den Rentieren zu, die gerade aus dem Wald kamen. Ein Rentier hielt inne und schaute kurz zu Maja. Maja lächelte. Doch dann machte sie große Augen: Die Rentiere liefen los, schneller und schneller, genau auf sie zu – und als Maja dachte, sie würden als Nächstes den Zaun umstoßen und sie überrennen, erhoben sie sich in die Luft und flogen über Maja hinweg. Sie stiegen weiter in die Höhe, über das Haus zu den Wolken. Majas Herz klopfte. In ihrem Bauch breitete sich ein schönes Gefühl aus: Jetzt konnte es nicht mehr lange dauern, dann kam der Weihnachtsmann!

Text und Melodie: Martin Luther

Vom Himmel hoch

In diesem Lied spricht der Engel, der zu den Hirten kam. Er erzählt von den spannenden Neuigkeiten: von Jesu Geburt und von Gott. Wenn wir heute vor dem Tannenbaum sitzen und Plätzchen essen, versuchen wir, in den Zauber der Heiligen Nacht einzutauchen. Schließe einfach die Augen und höre dem wunderschönen Lied zu.

Vom Himmel hoch, da komm ich her, ich bring euch gute neue Mär; der guten Mär bring ich so viel, davon ich sing'n und sagen will.

Euch ist ein Kindlein heut' gebor'n,
von einer Jungfrau auserkor'n,
ein Kindelein, so zart und fein,
das soll eu'r Freud' und Wonne sein.

Es ist der Herr Christ, unser Gott,
der will euch führ'n aus aller Not,
er will eu'r Heiland selber sein,
von allen Sünden machen rein.

Heinrich Heine

Die Heil'gen Drei Könige

Kennst du die Geschichte der Heiligen Drei Könige? Das waren drei weise Männer, die sich auf eine lange Reise begaben, um Jesus zu sehen. Sie mussten nicht durch Schnee, denn in Bethlehem, wo Jesus geboren wurde, schneite es nicht. Aber ihre Reise war lang und anstrengend. Jeder der Könige hatte ein Geschenk dabei. Als sie das Jesuskind in dem einfachen Haus sahen, waren sie dankbar und glücklich.

Die Heil'gen Drei Könige aus dem Morgenland,
sie frugen in jedem Städtchen:
„Wo geht der Weg nach Bethlehem,
ihr lieben Buben und Mädchen?"
Die Jungen und Alten, sie wussten es nicht,
die Könige zogen weiter,
sie folgten einem goldenen Stern,
der leuchtete lieblich und heiter.
Der Stern bleibt stehn über Josefs Haus,
da sind sie hineingegangen;
das Öchslein brüllte, das Kindlein schrie,
die Heil'gen Drei Könige sangen.

Am Heiligen Abend nach Mitternacht

Am Heiligen Abend nach Mitternacht
gleitet das Christkind leise und sacht
auf einem Stern von Haus zu Haus,
schaut nach schlafenden Kindern aus.

Sind alle Kinder glücklich heut Nacht?
Hat das Christkind es richtig gemacht?
Ja, die Kinder lächeln im Traum,
träumen vom glänzenden Tannenbaum!

Ina hat ihre Bücher im Arm,
Jona hält seine Ritter schön warm.
Julians Schlitten liegt auf der Matratze,
Leonie greift nach der Kuschelbärtatze.

Leise gleitet der Stern empor,
bringt das Christkind zum Himmelstor.
Lächelnd winkt es allen zu
und schließt ab – für dieses Jahr ist Ruh.

Das Christkind war da!

Selina hockte genau vor der Wohnzimmertür. Dahinter war das Weihnachts-zimmer mit dem Weihnachtsbaum und dem schönen goldenen Stern – und sicher auch bald mit den Geschenken, denn Selina wartete ja schon sooo lange! Um sie herum lagen einige Krümel, denn Papa hatte ihr vorhin ein paar Plätzchen gebracht, um ihr das Warten zu versüßen. „Wann gehen wir hinein?", hatte Selina gefragt. „Wenn das Christkind da war", hatte Papa geantwortet. „Und woher wissen wir, dass es da war?" Da hatte Papa gelacht. „Es läutet ganz leise mit einem silbernen Glöckchen, bevor es wieder geht", erklärte er und zwinkerte ihr zu. Selina seufzte. Sie lauschte genau, aber sie hörte nur das Ticken der Uhr, das Rauschen der Autos draußen und das Geklapper in der Küche. Selina überlegte, wie das Christkind wohl die vielen Geschenke auf die Erde brachte. Ob es immer wieder in den Himmel und dann wieder zur Erde zurückflog? Oder hatte es einen großen Sack? Oder einen Schlitten mit einer Klingel daran? Klingelingeling – was war das? Selina sprang auf. Das war das Christkind! Rasch öffnete sie die Tür, einen Spalt, einen winzigen Spalt nur – und sah gerade noch zwei bloße Füße unter einem weißen Kleid, die gerade zum Fenster hinaus verschwanden. Selina lächelte. Sie schloss die Tür wieder. Ihr Herz hüpfte vor Freude. Sie hatte das Christkind gesehen! Dann rannte sie in die Küche: „Mama, Papa, das Christkind war da! Schnell, schnell!"

Text: Joseph Mohr, Melodie: Franz Gruber

Stille Nacht, heilige Nacht

Weihnachten ist wundervoll. Geschenke und Plätzchen, Kerzen und Lieder, das Haus ist geschmückt und überall gibt es Geheimnisse. Wenn dann der Weihnachtsbaum strahlt, auf seiner Spitze ein goldener Stern funkelt und ein Glöckchen erklingt, ist die Heilige Nacht da. Doch weißt du, was in der Heiligen Nacht vor langer, langer Zeit geschah? Da wurde Jesus geboren, der Sohn Gottes. Wir feiern an Weihnachten seinen Geburtstag. Wollen wir ihm ganz leise ein Lied singen?

Stil - le Nacht, hei - li - ge Nacht! Al - les schläft, ein - sam wacht nur das trau - te, hoch-hei - li - ge Paar; hol - der Kna - be im lo - cki-gen Haar, schlaf in himm - li - scher Ruh,___ schlaf_ in himm - li - scher Ruh!___

Text: Christoph von Schmid, Melodie: Johann A. P. Schulz

Ihr Kinderlein, kommet

Als vor vielen, vielen Jahren ein Stern am Himmel über Bethlehem erstrahlte, wurde dort in einem Stall das Jesuskind geboren. Jesus ist der Sohn Gottes und er hat viel Liebe und Frieden in die Welt gebracht – ein Geschenk für alle Menschen. An Weihnachten feiern wir seine Geburt. Deshalb sieh nun in die Krippe und freue dich, dass er geboren ist.

Ihr Kin-der-lein, kom-met, o kom-met doch all, zur Krip-pe her

kom-met in Beth-le-hems Stall und seht, was in die-ser hoch-

hei-li-gen Nacht der Va-ter im Him-mel für Freu-de uns macht.

Weihnachtszauberei für Jonas

Jonas zitterten die Knie. Ach, wenn er doch nicht losgefahren wäre! Hinter sich her zog er den kaputten Schlitten. Den Schlitten, den seine Cousine Lina von ihnen zu Weihnachten bekommen sollte. Zwei Stangen waren zerbrochen und die Kufen verbogen. Jonas seufzte. Das würde Ärger geben! „Geh hinaus", hatte Mama gesagt. „Es dauert noch, bis wir zu Lina fahren." Dann hatte Jonas vor der Haustür den Schlitten gesehen. Nur ein einziges Mal hatte er ihn ausprobieren wollen. Und wie unglaublich schnell er damit gefahren war! Den Hügel vorm Wald hinunter, über die Schneerampe und – gegen den umgekippten Baumstamm. Wenn Mama den Schlitten sah, würde sie das ganze Weihnachtsfest lang wütend auf ihn sein.

Jonas stellte den kaputten Schlitten vor die Tür und schlich ins Haus. „Da bist du ja", rief seine Mama. Jonas seufzte. Wann sollte er beichten? Jetzt? Plötzlich wurde es im Flur taghell. „Nanu?", sagte Mama. „Was leuchtet denn da draußen so?" Aber da wurde es schon wieder dunkel. Mama öffnete die Haustür. Jonas hielt sich die Augen zu. Jetzt würde sie den kaputten Schlitten sehen und Weihnachten war ganz und gar verdorben. Aber … er hörte gar nichts? Nur ein Glöckchen, das aus der Ferne läutete. Er öffnete ein Auge – Mama stand in der Haustür und schaute hinaus. Er öffnete das zweite Auge – neben ihr stand der Schlitten. Nicht kaputt. „Juchhu!" Jubelnd rannte Jonas zu Mama und umarmte sie. Der Weihnachtsmann hatte für ihn gezaubert. Nun würden es doch fröhliche Weihnachten werden!

120

Das letzte Geschenk

Der Weihnachtsmann hatte ein Problem. Er hatte schon alle Kinder beschenkt und sein Schlitten war fast leer. Doch er hatte noch ein Geschenk übrig. Und er wusste beim besten Willen nicht mehr, für wen es gedacht war. „Mach es doch auf", schlug Rentier Rudi vor. Der Weihnachtsmann schüttelte den Kopf. „Dann ist ja das Papier ganz zerrissen", meinte er. Er schüttelte das Geschenk vorsichtig. Eine leise Melodie wie von einem Glöckchen klang an sein Ohr. Er lauschte. „Es ist eine Spieluhr", sagte er. „Hast du noch ein bisschen Weihnachtswunderstaub übrig?", fragte Rudi. Der Weihnachtsmann lächelte. Eine gute Idee! Er streute Weihnachtswunderstaub auf das Päckchen – und schon flog es von ganz allein vom Himmel auf die Erde hinab und suchte sich das richtige Kind. Der Weihnachtsmann sah ihm fröhlich nach.

Die kleine Emma saß traurig vorm Weihnachtsbaum. Sie hatte kein richtiges Geschenk bekommen! Ja, sie hatte eine tolle Strumpfhose und die schöne Kindergartentasche ausgepackt – aber ihr größter Wunsch war nicht erfüllt worden! Da schwebte plötzlich ein Geschenk durch das offene Fenster herein. Emma sah es genau! Es landete in Emmas Händen. Aufgeregt packte sie es aus. Die Spieluhr! Glücklich lauschte sie der Melodie. „Wo kommt denn dieses Geschenk noch her?", fragte Emmas Mama erstaunt. „Ach, das habe ich gerade hier gefunden", murmelte Emma. Dann lief sie zum Fenster und stellte die Spieluhr auf die Fensterbank. Während die Melodie erklang, flüsterte Emma: „Danke, lieber Weihnachtsmann!"

Die Weihnachtsgeschichte

Vor langer, langer Zeit gab es einen Kaiser, der Augustus hieß. Er wollte herausfinden, wie viele Menschen in seinem Reich lebten. Also rief er alle dazu auf, sich zählen zu lassen. Die Menschen sollten dafür in ihre Geburtsstadt reisen.

Für Maria und Josef war das keine gute Nachricht. Maria erwartete ein Baby, und mit dem großen Bauch fiel es ihr schwer, weit zu laufen. Josef nahm einen Esel mit, auf dem sie reiten konnte. Es war eine lange Reise bis Bethlehem, wo Josef geboren war. Sie waren sehr müde, als sie am Abend dort ankamen. Josef und Maria liefen von Tür zu Tür, um einen Schlafplatz zu finden. Aber alle Herbergen waren schon voll. Als sie die Hoffnung schon aufgeben wollten, begegnete ihnen ein freundlicher Mann. Er sagte, sein Haus sei bereits voll, aber er habe einen Stall draußen vor der Stadt. Dort könnten sie schlafen. Josef war dankbar, denn Maria war jetzt sehr erschöpft. Er führte sie zum Stall.

Vorsichtig öffneten sie die Tür – wie wunderbar warm und ruhig es hier war! Josef bereitete Maria ein Bett aus Heu und Stroh. Sie ruhte sich sogleich darauf aus. Josef gab dem Esel Heu zum Fressen und holte Wasser. Als er wiederkam, flüsterte Maria: „Es ist so weit!" Josef setzte sich zu ihr und in dieser Nacht gebar sie ihr Kind.

Sie wickelten es in ein weißes Tuch und Maria hielt es in ihren Armen. „Schön, dass du da bist", flüsterte Maria. „Lieber kleiner Jesus." Maria war glücklich, und Josefs Herz wurde ganz leicht, wenn er Jesus ansah. Schon bald erstrahlte hoch über dem Stall ein heller Stern. Einige Hirten auf einem Feld in der Nähe hielten Wache bei ihren Schafen. Sie wunderten sich über den Stern und schauten in den Himmel. Da erschien ihnen ein Engel. Die Hirten erschraken fürchterlich, aber der Engel sprach: „Fürchtet euch nicht. Ich bringe euch große Freude: Heute ist ein Kind geboren, der Sohn Gottes, der Frieden bringen wird."

Die Hirten eilten daraufhin gleich zu dem Stall. Maria und Josef hatten Jesus in eine Futterkrippe gelegt, aus der die Tiere sonst ihr Heu fressen. Sie war mit Heu gefüllt, so hatte Jesus es warm und weich. Die Hirten bewunderten das ruhige Baby, das so freundlich und friedlich dalag.

In den nächsten Tagen kamen sogar drei weise Männer aus dem Morgenland. Sie staunten über das kleine Kind, das der Sohn Gottes war und den Menschen Frieden bringen würde, und jeder von ihnen brachte ihm ein wertvolles Geschenk dar: Gold, Weihrauch und Myrrhe.

Sandra Grimm

stammt aus einem kleinen Dorf in Norddeutschland, wo Ente und Igel sich Gute Nacht sagen. Sie arbeitete und studierte lange Zeit in verschiedenen Städten und im Ausland, wurde Diplompädagogin, Lektorin und Mutter – dann zog es sie zurück in das kleine Dorf, in dem sie heute mit ihrem Mann und ihren drei Söhnen lebt, den Igeln persönlich Gute Nacht sagt und jeden Tag aufs Neue ihre Geschichten für kleine und große Leser aufschreibt.

Sandra Grimm arbeitet für mehrere deutsche Kinderbuchverlage. Für arsEdition hat sie bereits zahlreiche Pappbilderbuch- und Bilderbuchtexte verfasst.

Anna Karina Birkenstock

wurde 1975 in Solingen geboren. Zunächst machte sie eine Ausbildung als Mediengestalterin für Bild und Ton im Bereich TV-Design und studierte dann Medienkunst an der Staatlichen Hochschule für Gestaltung in Karlsruhe.

Anna Karina Birkenstock lebt mit ihrem Mann und zwei Töchtern in der Nähe von Köln und arbeitet als Autorin und Illustratorin für mehrere deutsche Verlage. Mit ehrenamtlichen Engagements, Lesungen und Workshops setzt sie sich dafür ein, dass jedes Kind Zugang zur vielfältigen Welt der Bilder und Bücher erhält.

Für arsEdition hat sie bereits zahlreiche Pappbilderbücher und Vorlesebücher illustriert.

Für die besten vier Männer der Welt
S. G.

Bibliografische Information der Deutschen Nationalbibliothek

Die Deutsche Nationalbibliothek verzeichnet diese Publikation
in der Deutschen Nationalbibliografie;
detaillierte bibliografische Daten sind im
Internet über http://dnb.d-nb.de abrufbar.

© 2017 arsEdition GmbH, Friedrichstraße 9, 80801 München
Alle Rechte vorbehalten
Text: Sandra Grimm
Illustrationen: Anna Karina Birkenstock
Illustrationen auf den Seiten 54/55 von Mathilda Armster
ISBN 978-3-8458-1907-5

www.arsedition.de